Inhaltsverzeichnis

Vorwort

Liebe Kolleginnen, liebe Kollegen,

„Indien schießt eigene Satelliten ins All, hat einen eigenen schnellen Brüter entwickelt und verfügt über die besten Computerprogrammierer der Welt, während vierhundert Millionen Inder nicht lesen und schreiben können und dreihundert Millionen unter der Armutssgrenze vegetieren. Für die Kinder der Mittelschicht zum Beispiel wenden die Eltern ein Vermögen auf, um ihnen die bestmögliche Aubildung zu geben und sie dadurch aus den Bevölkerungsmassen herauszuheben. Die Kinder der Benachteiligten dagegen bekommen auf ihren Lebensweg nichts mit als ihre Traditionen. Unter den Kindern der Armen, meistens die Angehörigen der niedrigen Kasten, wird die Geburt eines Kindes inzwischen als belastende Neuigkeit aufgenommen, weil man sehr genau weiß, welchen Kämpfen und welcher Entbehrung es bedarf, das Kind bis zum Erwachsenenalter durchzubringen." (Martin Fritz: Indiens Spagat zwischen Industrienation und Entwicklungsland. in: Kindernothilfe 2/1997 S. 16)

Was können bei einer solchen Ausgangssituation die Ziele für ein Projekt „Lernzirkel Indien" sein? Klar ist, es geht nicht um abschließende Informationen, sodass Indien gleichsam als „durchgenommen" gelten kann. Es soll ein Anfang gemacht werden, „Aspekte indischer Realität in Zeiten der Globalisierung" ein Stück weiter in das Blickfeld von Lehrkräften und Schülerinnen und Schülern zu rücken und dabei auch bei uns gängige Bilder von Indien zu hinterfragen. Es soll ein Beitrag dazu geleistet werden, wenigstens ein kleines Stück von Stereotypen wegzukommen. Anknüpfungspunkt sind klassische Themen unserer Lehrpläne, ob es sich um „Topografie", „Reisen", „Metropolen-Großstädte", „Kinderarbeit" oder „Ghandi" handelt. Bei der Auswahl bin ich davon ausgegangen, dass viele Aspekte in den in den Schulen vorhandenen Materialien (Schulbücher, Unterrichtsmodelle ...) vorhanden sind, so z. B. zu den Themenschwerpunkten „Klima", „Monsun", „Hinduismus" oder auch „Kolonialisierung".
Wenn auch viele Stationen klassische Wege gehen, gibt es doch eine ganze Reihe von Materialien, in denen Inder selbst zu Wort kommen, andere Sichtweisen einbeziehen und helfen sollen neue Perspektiven zu eröffnen.
Wichtig ist mir auch immer der Gedanke, dass Inder selbst Wege suchen und Probleme selbst lösen.

Noch ein anderer Aspekt hat die Auswahl der Materialien bestimmt: „Globalisierung" fordert auch eine Antwort in der Schule. Wie nah Europa und Indien aneinander gerückt sind, ist spätestens seit der Diskussion um „Green-Cards" für indische Computerspezialisten deutlich geworden. Tourismus nach Indien spielt zwar eher noch eine Nebenrolle, ist aber für viele Menschen erschwinglich und möglich geworden. Das Internet ermöglicht schnelle, kostengünstige und sichere Verbindungen auch nach Indien. Wirtschaft operiert weltweit. Indien ist nicht nur für die „Global Players" ein wichtiger Markt, wenn sich auch nur eine dünne Oberschicht in Indien Waren aus Europa leisten kann.

Immer klarer wird aber auch, dass es eine isolierte Betrachtung der Zukunft in der EINEN WELT nicht mehr geben kann. Gerechtigkeit im wirtschaftlichen Austausch, bei dem nicht immer die Industriestaaten die Gewinner und die Staaten des Südens die Verlierer stellen, kann nur gemeinsam angestrebt werden. Die Bewältigung einer drohenden Klimakatastrophe, Gegenmaßnahmen gegen die Gefährdung der Ernährung der Erdbevölkerung und die Sicherung einer friedlichen Zukunft können nur gemeinsam realisiert werden. Das Schicksal der zerstörten Regenwälder, die dem Erd-Klima verloren gehen und für Menschen in allen Erdteilen eine ungewisse Zukunft bedeuten, ist nur ein Beispiel dafür, dass es nichts hilft, einseitig Schuldzuweisungen zu treffen.

Die Schule wird diese Probleme im Unterricht nicht lösen können, die Schule kann aber dazu beitragen, dass ein Bewusstsein wächst, das den eigenen Standort als einen Standort in einer vielfältigen Welt versteht und wenigstens in Ansätzen begreift, dass Leben zukünftig „Leben in EINER WELT" bedeuten wird. Perspektivenwechsel scheint unausweichlich. Die hier angebotenen Lernstationen wollen dazu beitragen.

Da 48 Seiten für ein solches Vorhaben nur einen sehr begrenzten Raum bieten können, hilft vielleicht auch das Angebot an Literatur und Adressen weiter. Mit dem Internet haben wir inzwischen auch in vielen Schulen eine Möglichkeit, als Lehrkräfte wesentlich mehr selbst zu recherchieren und Kontakt aufzunehmen. Ich habe mich bemüht, wenn immer es möglich war, dafür mit Adressenangaben Hilfen zu geben.

Vorwort

Wichtig waren mir Zugänge, die einerseits möglichst nahe bei den Schülerinnen und Schülern ansetzen, andererseits aber einen Einblick in die Probleme im Unterricht ermöglichen. Dieses Buch erhebt nicht den Anspruch auf Vollständigkeit, es ist ein Versuch, einige Zugänge für ein Lernen anzubieten, das die Zukunft der EINEN WELT im Blick hat.
Es musste im Hinblick auf Lehrpläne, aber auch auf den vorgegebenen Umfang des Buches eine Auswahl getroffen werden, bei der wichtige Problembereiche vernachlässigt worden sind.
- „Alles, was man über Indien sagt, stimmt. Unglücklicherweise stimmt auch das Gegenteil. Indien ist, so Rabindranath Thakur (Tagore), eine Einheit der Verschiedenheit („Unity in Diversity"). Da Indien groß (etwa zehnmal so groß wie das vereinigte Deutschland) ist, sind auch die Unterschiede sehr groß." (Asit Datta: Die Deutschen und ihr Indienbild in: Meine Welt 1/94, S. 18). Dies ist auch die Ausgangsposition, wenn es um die Frage geht, wie „Indien" – immerhin eine der zehn größten Industrienationen der Welt – im Unterricht zur Sprache gebracht werden soll.

Eine wichtige Hilfe ist die Arbeit der Nichtregierungsorganisationen, die fast alle großen Projekte in Indien fördern – nicht mehr als Hilfe von außen, sondern in Kooperation und Verantwortung von indischen Partnern. Diese Organisationen setzen gerade für Indien starke Akzente in ihrer Öffentlichkeits- und Bildungsarbeit, die ständig aktualisiert, erweitert, aber auch ersetzt werden. Dieses Material nutzt mit freundlicher Genehmigung der Organisationen u. a. Materialien der „Kindernothilfe", „terre des hommes", des „Deutschen Aussätzigenhilfswerks", „Brot für die Welt" und „epd-Entwicklungspolitik". Lerngruppen, die den „Lernzirkel Indien" bearbeiten, sollten über die in diesem Heft abgedruckten Vorschläge hinaus das Angebot der Organisationen auch aktuell in den Unterricht einbeziehen. Viele Beteiligte aus Schulpartnerschaften mit Schulen in den Ländern des Südens machen darauf aufmerksam, dass wir unsere Analysen und Maßstäbe viel zu schnell auf andere Menschen übertragen und dass wir gern unsere Denkweise diktieren. So kommen – zugegebenermaßen immer noch viel zu wenig – Stimmen aus Indien zu Wort. Ich würde es begrüßen, wenn die, die mit den Materialien arbeiten, möglichst oft Chancen nutzen können, die vorgegebenen Materialien durch authentische Beiträge zu ergänzen.

Hilfen dafür sollten im Klassenraum angeboten werden.

Handbibliothek und Anschauungsmaterialien im Klassenraum:
- Wandkarte Indien
- Atlas
- Länderlexikon
- Zeitschriften (GEO, National Geographic, MERIAN)
- Materialien von Nichtregierungsorganisationen (Adressen S. 48)
- Geografiebücher
- Geschichtsbücher
- Sachbücher zur Thematik Unterrichtsmappe Indien DAHW (siehe S. 48)

Zuordnung zu Fächern / Themenbereichen
Erdkunde: Statistisches, Spurensuche, Topografie, Großstadt Bangalore, Tee aus Darjeeling, Dalits - Hrijjans - Unberührbare, Internetrecherche
Geschichte: Gewürze, UNESCO Weltkulturerbe, Ghandi
Sozialkunde: Kinderarbeit, Großstadt Bangalore, Entwicklungsprojekte, Tourismus, Leben in Zeiten der Globalisierung, Wirtschaft, Gandhi, Internetrecherche
Religion / Ethik: Spurensuche, Kinderarbeit, Leben in Zeiten der Globalisierung, Gandhi
Arbeitslehre / Werken: Topografiespiel, Kochen, Internetrecherche
Kunst: UNESCO Weltkulturerbe

Viel Erfolg bei der Arbeit mit diesem Lernzirkel wünscht Ihnen

Martin Geisz

Hinweise zur Lernzirkelarbeit

Der Lernzirkel „Indien“ kann sowohl im herkömmlichen Unterricht als auch in der Freiarbeit eingesetzt werden. Als besondere Form der Freiarbeit, bietet sich der so genannte Lernzirkel als besonders geeignet an.

Damit Sie diese Form des Unterrichts auch erfolgreich anwenden können, erhalten Sie hier grundlegende Informationen über diese Konzeption und ihre Umsetzung im Unterricht.

Die Lernzirkelarbeit für alle Fächer hat sich aus dem Circuittraining im Sportunterricht entwickelt. Das Prinzip des Stationenlernens im Sport, bei dem während einer vorgegebenen Dauer an einer Trainingsstation bestimmte Übungen zu verrichten sind, wurde auf andere Fächer übertragen. Mittlerweile nimmt dieses Prinzip in der Ausbildung der Lehramtsanwärter und teilweise auch schon im Unterricht zahlreicher Kolleginnen und Kollegen einen festen Raum ein. Die Lerzirkel-Konzeption hat gezeigt, dass Freiarbeit auch mit älteren Schülerinnen und Schülern erfolgreich praktiziert werden kann. Dabei entgegnet man dem Eindruck des Beliebigen bei der „normalen“ Freiarbeit dadurch, dass während der Lernzirkelstunde nur an dem Thema des Lernzirkels und damit auch nur in diesem Fach (was nicht bedeutet, dass nicht fächerübergreifende Aspekte eine große Rolle spielen) gearbeitet wird. Insofern handelt es sich um eine „gelenkte“ Freiarbeit. Allerdings kommen alle Vorteile eines offenen Unterrichts (Förderung von Selbstorganisation und Selbstständigkeit, kommunikatives Miteinander der Schülerinnen und Schüler usw.) zum Tragen.

Bei der Lernzirkelarbeit wird den Schülerinnen und Schülern das gesammte Unterrichtsthema (dies ist in der Regel das Thema einer Unterrichtsreihe) in einzelnen Lernstationen angeboten. An jeder Lernstation wird ein bestimmter Themenaspekt bearbeitet.

Zu Beginn der jeweiligen Lernzirkelstunde wählen die Schülerinnen und Schüler eine Lernstation aus, mit der sie sich in der Unterrichtsstunde beschäftigen wollen. Sie bearbeiten anhand der Aufgaben (manchmal werden Pflicht- und Wahlaufgaben unterschieden) das bereitgestellte Material. Nach Fertigstellung der Aufgabe an einer Lernstation wird eine andere ausgewählt. Und so weiter. Es ist sinnvoll, im Klassenraum eine so genannte Erste-Hilfe-Station einzurichten. An einer solchen Station finden die Schülerinnen und Schüler Hilfsmaterial wie Lexikon, Rechtschreibwörterbuch, Fachbücher, aber auch Lineale, Buntstifte, Papier, Scheren, Kleber, eventuell auch einen Kassettenrekorder oder eine Videokamera. Da bei der Bearbeitung der einzelnen Stationsaufgaben die Schülerinnen und Schüler möglichst selbstständig arbeiten sollen, ist es ratsam, sie bei Fragen zunächst einmal auf die Möglichkeit der Nutzung der Ersten-Hilfe-Station hinzuweisen. Wenn dies nicht zum Erfolg geführt hat, kann der Lehrer immer noch als Experte zu Hilfe kommen.

Grundsätzliche Regeln für die Lernzirkelarbeit:
Ein Schüler muss alle Pflichtaufgaben einer Station bearbeiten, bevor er eine neue Station wählt. Die Schülerinnen und Schüler benötigen einen Schnellhefter oder ein Heft zum Eintragen der Arbeitsergebnisse. Es wäre schön, wenn am Ende der Arbeit mit dem Lernzirkel ein „eigenes Buch“ zum Thema entstehen würde.
Grundsätzlich ist der Lernzirkel besonders für die Partner- oder – besser noch – Gruppenarbeit konzipiert. So können manche Aufgaben auch nur als Gruppenarbeit erledigt werden.
Jede Arbeitsgruppe bzw. jeder „Einzelarbeiter“ sollte in einer für alle erträglichen Lautstärke arbeiten. Jeder räumt am Ende der Stunde seinen Arbeitsplatz auf und stellt die Materialien an die jeweils vorgesehene Stelle zurück.
Die Schülerinnen und Schüler führen einen so genannten Laufzettel, auf dem alle Lernstationen des Lernzirkels aufgeführt sind. Nach Beendigung der Arbeit an einer Station füllen die Schülerinnen und Schüler den Laufzettel aus, indem sie mit Angabe des Datums eintragen, dass sie die entsprechende Lernstation bearbeitet haben. Weiterhin kann auf dem Laufzettel den Schülerinnen und Schülern die Möglichkeit gegeben werden, eine kurze Stellungnahme zur bearbeiteten Lernstation abzugeben.
Der Laufzettel gibt sowohl dem Schüler als auch dem Lehrer die Möglichkeit, einen Überblick über den Arbeitsfortschritt zu erhalten. So hat zum Beispiel der Lehrer jederzeit die Möglichkeit zu erfahren, wie viele Lernstationen ein bestimmter Schüler bereits erledigt hat. Auch hat er die Möglichkeit sich zum Beispiel über Schwierigkeiten mit einzelnen Lernstationen zu informieren.

Vorbereitung:
- Möglichkeiten schaffen, an Gruppentischen zu arbeiten bzw. an mindestens sechs verschiedenen Orten (Lernstationen) gleichzeitig arbeiten zu können.
- Mindestens eine freie Wand sollte zur Verfügung stehen; evtl. kann durch Stellwände die Ausstellungsfläche vergrößert werden.
- Die einzelnen Lernstationen werden an einem zentralen Ort ausgelegt, die Schülerinnen und Schüler über die Arbeit mit dem Lernzirkel informiert.
- Ordner, Kladde, Zeitschriftenschuber zur Sammlung und Aufbewahrung von Informationsmaterial werden bereitgestellt.
- Einrichtung der Erste-Hilfe-Station

Eine detaillierte Darstellung der Lernzirkel-Konzeption mit zahlreichen praktischen Beispielen ist im BVK Buch Verlag Kempen erschienen: Hans-Jürgen van der Gieth: Lernzirkel – Die neue Form des Unterrichts, Bestell-Nr. PR 01.

Laufzettel von

____

Station	bearbeitet am / evtl. Kommentar
1: Unser Bild von Indien	
2: Grundwissen Indien – Spiele und / oder Lernkarten	
3: Indien in Zahlen	
4: Spurensuche Indien	
5: Die große Indienreise	
6: Großstadt Bangalore	
7: Straßenkinder in der Stadt der Zukunft	
8: Internet-Erkundungen	
9: Leben in Zeiten der Globalisierung – Hoffnung von Indern und Deutschen	
10: Frauen zwischen Tradition und Moderne	
11: Kasten – Dalits – Harijans – Parias – Unberührbare	
12: Gerechtigkeit für die Dalits?	
13: Tee aus Darjeeling	
14: Die Umwelt in Gefahr	
15: Karikaturisten in Indien nehmen Stellung	
16: Gandhi heute	
17: Indiens Kulturerbe	
18: Europa schätzt Indien-Gewürze	
19: Ein Blick auf Indiens Wirtschaft	
20: Projekte in Indien	
21: Mandala	

Lernzirkel Indien • 1: Unser Bild von Indien

Aufgabe Jeder in der Gruppe schreibt auf (Kasten verwenden), was ihm einfällt, wenn das Wort **INDIEN** fällt.

Indien

Aufgaben Vergleicht das, was ihr aufgeschrieben habt. Versucht zu ordnen.
Formuliert gemeinsam zusammenfassende Thesen / Leitsätze zum THEMA: „Was bestimmt unser Bild von Indien?“. Benutzt hierfür den Kasten unten.

Zwei Welten: Kinderarbeit und Hightech
(von C. J. George)

Die indische Wirtschaft wächst – zwischen fünf und sechs Prozent pro Jahr. Das Einkommen der Mittelschicht hat sich in den letzten Jahren verzehnfacht. Doch mein Heimatland ist zu Beginn des 21. Jahrhunderts in keiner beneidenswerten Position. Auf der einen Seite können wir Inder stolz sein auf den wissenschaftlichen und technologischen Fortschritt. Schon müssen wir befürchten, dass nach den USA jetzt auch Deutschland unsere besten Informatiker aus Bangalore abwirbt. Auf der anderen Seite weist Indien die höchste Rate an Kinderarbeit und Analphabetismus – insbesondere bei Frauen – auf. Weit mehr als ein Drittel der Bevölkerung lebt am Rande des Existenzminimums. Während sich die Regierung mit Nuklearwaffen und Abwehrraketen brüsten kann, hat ein Viertel der Bevölkerung noch immer keinen Zugang zu sauberem Wasser und Gesundheitsdiensten. Die „Times of India" berichtet, dass im letzten Staatshaushalt der Gesamtetat für die Grundbedürfnisse der Landbevölkerung – Bildung, Gesundheit, Trinkwasser, Wohnungen und Straßen – dieselbe Höhe hatte wie der „zusätzliche" Betrag, der dem Verteidigungsetat zugeschlagen wurde. Im Argen liegt auch die Ausbildung der jungen Generation. Es fehlen zum Beispiel rund 100 000 Grundschulen. Indien ist zwar führend im Bereich Software und Informationstechnologie und zieht internationales Kapital an. Indische Firmen übernehmen sogar internationale Unternehmen, wie kürzlich im Fall von Tata Tea und Tetley Tea. Doch von dieser Entwicklung profitiert nur eine kleine Minderheit der indischen Bevölkerung. Die große Masse in den Städten muss weiterhin ums Überleben kämpfen, ihre Chancen auf dem Weltarbeitsmarkt sind gleich Null.

Die Armut auf dem Lande hat sich verstärkt und dies, obwohl die Selbstversorgung bei Nahrungsmitteln erreicht wurde und Indien schwere Hungersnöte und Epidemien meistern kann. Es ist eine Frage der Verteilung: Die Schere zwischen Arm und Reich klafft immer weiter auseinander. Nicht-Regierungsorganisationen und soziale Gruppen und Bewegungen haben dazu beigetragen, wichtige Themen auf die nationale und internationale Tagesordnung zu setzen: Bildung, Kinderrechte, Umweltschutz und ökologischer Ausgleich, soziale Gleichberechtigung, Frauen- und Kastendiskriminierung. Mit gewissem Erfolg: Politiker können die Probleme nicht mehr komplett ignorieren. Doch angesichts der Millionen von arbeitenden Kindern und der großen Zahl von Mädchen und Jungen, die nicht zur Schule gehen, gibt es für terre des hommes und die Projektpartner in Indien weiterhin viel zu tun – auch 25 Jahre nach Beginn der Arbeit auf dem Subkontinent.

C. J. George ist Koordinator im terre des hommes Büro in Pune / Indien
(Quelle: die zeitung, terre des hommes, April 2000)

Aufgaben

1. Lest den Text, bringt dabei Symbole an (Klebepunkte oder malen):
- schwarzer Punkt = stimme zu
- roter Punkt = stimme nicht zu
- ? = verstehe ich nicht
- X = da muss man erst einmal drüber reden

2. Diskussion:
- Wertet die vergebenen Symbole aus.
- Sprecht darüber, weshalb es zu der Punkteverteilung gekommen ist.
- Vergleicht die Schlagzeilen mit den von euch vorher aufgeschriebenen Leitsätzen zu Indien: Gibt es Unterschiede? Gibt es Parallelen? Folgerungen?

Zusatzaufgaben / Projekte

Möglichkeit 1: Zeitungen untersuchen

1. Schritt:
- Untersucht die Berichterstattung über Indien in einer Tageszeitung.
- Sammelt Ausschnitte aus der Lokalzeitung, die über Indien berichten. Versucht, sie übersichtlich zu ordnen.
- Entwickelt Kategorien (z. B. Natur, Wirtschaft, Kultur, Probleme ...) und macht Notizen zur Berichterstattung.

2. Schritt:
- Impulse für die Auswertung:
  - Gute Nachrichten - Schlechte Nachrichten
    Was überwiegt?
    Wo seht ihr die Gründe?
  - Wird auf Hintergründe eingegangen?
  - Welches Bild von Menschen in Indien wird gezeichnet?
    Sind sie hilflos, teilnahmslos, leidend, kompetent, aktiv, engagiert?
  - Stellungnahme: Soll etwas geändert werden?

3. Schritt:
- Teilt der untersuchten Tageszeitung das Ergebnis eurer Arbeit mit.

Möglichkeit 2: Berichterstattung in Nachrichtensendungen untersuchen

- Heute-Sendung und Tagesschau von mehreren Tagen mit Video aufzeichnen, aufschreiben, welche Meldungen Indien berühren.
  Auswertung: ähnlich wie bei den Zeitungsausschnitten
- Teilt den untersuchten Sendungen / den Fernsehanstalten das Ergebnis eurer Arbeit mit.

BVK LZ 04 • Martin Geisz: Lernzirkel „Indien“

Lernzirkel Indien • 2: Grundwissen Indien – Spiele und / oder Lernkarten

Projektideen

1. Eine Würfelspiel-Reise durch Indien

MATERIALIEN: Kopie einer Indienkarte, Klebepunkte, Spielplan, Würfel, Figuren, Fragekarten

ANLEITUNG:

1. Die beiliegende Indienkarte (S. 16 oder S. 20) auf DIN A3 vergrößern.
2. Markante Punkte eintragen:
- Gewässer: siehe Frage 1, 12 und 29
- Städte: siehe Frage 23 und 25
- Gebirge: siehe Frage 7 und 28

3. Symbole anbringen / einzeichnen / aufkleben (Thematische Karte im Atlas benutzen! Reiseprospekte ...)
4. Punkte auf der Reiseroute aufkleben, insgesamt ... Punkte bei DIN A3 in rot, ... Punkte in schwarz dazwischen verteilen.

Spielfiguren: Nach eigener Fantasie basteln oder vorhandene Figuren benutzen.

Fragekarten herstellen (Fragen findet ihr auf den Seiten 10 und 11) – darunter einzelne Aktionskarten mit Spielhilfe / Veränderungen.
Die Fragen auf der Vorderseite, die Antwort auf der Rückseite der Karten eintragen.

Spielregeln:
Alle Figuren stehen am Start. Es wird reihum gewürfelt. Es beginnt die Person, die die niedrigste Zahl gewürfelt hat. Entsprechend der Augenzahl werden die Spielsteine gezogen. Wer auf ein markiertes Feld kommt, nimmt eine Karte und folgt deren Anweisungen.

Die Karten werden gemischt und mit der Frageseite nach oben auf einen Stapel gelegt. Die oberste Karte wird abgedeckt. Kommt ein Spieler auf ein Fragefeld, muss er die Frage beantworten. Die beantwortete Fragekarte wird wieder unter den Stapel gelegt.

Wer eine Frage nicht beantworten kann, geht drei Felder zurück.
Über Atlasbenutzung entscheiden die Spieler gemeinsam, ebenso, ob gegenseitiges Helfen erlaubt ist.
Sieger ist, wer als Erster am Ziel ist.

2. Ein Quartettspiel entwickeln

Je vier Karten zu gleichen Themenbereichen werden mit einem Symbol zusammengefasst.
Benutzt Atlas und Länderlexika. Hilfen aus dem Fragenkatalog findet ihr in Klammern.

Beispiele für „Quartette“: Bundesstaaten Indiens, Flüsse, Städte (Nr. 23), Landwirtschaftliche Erzeugnisse (Nr. 11), Bodenschätze (Nr 19), Ausfuhrgüter (Nr 21), Religionen (Nr. 14). (Die Nummern findet ihr auf den Seiten 10 und 11.)

3. Ein Quiz durchführen

4. Karten als Lernkarten für „Grundwissen Indien“ nutzen

(und dann mit der 5-Fächer-Lernkartei arbeiten)

Lernzirkel Indien • 2: Grundwissen Indien – Spiele und / oder Lernkarten

Fragen für ein Spielprojekt

(Eine Entdeckerreise durch Indien)

– Lernkarten –

Fragen	Antworten
1. Wie heißen die Meere, über die die Europäer Indien erreichen?	**1.** Atlantischer Ozean, Mittelmeer, Indischer Ozean
2. Welche Sprachen werden heute in Indien von vielen Menschen gesprochen?	**2.** Hindi, Englisch, 19 weitere Amtssprachen
3. Im Norden Indiens liegt eine Wüste. Wie heißt sie?	**3.** Wüste Tharr
4. Du unternimmst einen Ausflug an den heiligsten Fluss der Hindus. Wie heißt er?	**4.** Ganges
5. Begib dich nach Madras. An welchem Meer befindest du dich?	**5.** Indischer Ozean
6. Begib dich nach Kalkutta. An welchem Fluss befindest du dich?	**6.** Ganges
7. Welches Gebirge durchzieht Indiens Norden? Wenn du weißt, wie es heißt, darfst du dich an einen Ort deiner Wahl begeben.	**7.** Himalaya
8. Wie heißt die Hauptstadt Indiens?	**8.** Delhi
9. Nenne drei Reiseziele in Indien, die von Touristen aus Deutschland gern besucht werden.	**9.** z. B. Delhi, Goa, Bombay
10. Du machst einen Ausflug in ein Teeanbaugebiet im Osten Indiens. Wie heißt es?	**10.** Assam
11. Nenne drei Ausfuhrgüter Indiens.	**11.** z. B. Textilien und Bekleidung, landwirtschaftliche Erzeugnisse, Maschinen, Edelsteine und Schmuck.
12. Wie heißt der Kanal, der Mittelmeer und Indischen Ozean miteinander verbindet?	**12.** Suezkanal
13. Aus welchen großen Landschaftsräumen besteht Indien?	**13.** Himalaya Gebirgsregion, nordindische Tiefebene mit den Flusstälern von Ganges und Brahmaputra und das Dekkan-Tafelland im Süden
14. Welche Religionen sind in Indien vertreten?	**14.** Hindus (80%), Moslems (12%), Christen (2,4%), Sikhs (2%), Buddhisten (0,8%), Jains (0,4%)
15. Welche Staatsform hat der indische Staat?	**15.** Bundesrepublik, föderaler Staat mit parlamentarischer Demokratie
16. Wie heißt der südlichste Staat Indiens?	**16.** Tamil Nadu

BVK LZ 04 • Martin Geisz: Lernzirkel „Indien“

Lernzirkel Indien • 2: Grundwissen Indien – Spiele und / oder Lernkarten

Fragen	Antworten
17. Wie viele Inder leben in Städten, wie viele Inder leben auf dem Land (in Prozent)?	**17.** 30 % leben in Städten, 70 % leben auf dem Land.
18. Welche Nahrungsmittel aus Indien werden bei uns gerne gekauft und gegessen?	**18.** Tee, Kaffee, Gewürze (besonders Pfeffer), Kokosnüsse
19. Welche Bodenschätze werden in Indien gefunden?	**19.** Eisen, Kohle, Mangan, Bauxit, Chrom, Antimon
20. Nenne zwei Nachbarstaaten Indiens.	**20.** Pakistan, Bangladesch, Nepal ...
21. Was sind die Hauptexportgüter Indiens?	**21.** Landwirtschaftliche Erzeugnisse (Reis, Fisch, Tee, Ölsaaten), Textilien, Juteprodukte, Kunsthandwerk, Maschinen
22. Wie heißt eine große Insel in der Nachbarschaft Indiens?	**22.** Sri Lanka (früherer Name: Ceylon)
23. Nenne drei indische Millionenstädte.	**23.** Amdabad, Bhopal, Bangalore, Bombay, Kanpur, Hyderabad, Kalkutta, Nagpur, Puna ...
24. Wie heißt der Kontinent südlich von Indien?	**24.** Antarktis
25. Nenne zwei wichtige Hafenstädte in Indien.	**25.** Kalkutta, Bombay, Madras
26. Zeige auf der Karte Hyderabad (Begib dich nach Hyderabad). Warte bis jemand auf dein Feld kommt und dich mitnimmt.	
27. Nenne zwei Gebirge in Indien.	**27.** Himalaya, Dekkan-Tiefland
28. Nenne große Flüsse Indiens. Für jeden genannten Fluss darfst du ein Feld weiterziehen.	**28.** Ganges, Brahmaputra, Namrada, Indus
29. Wer fand als Erster den Seeweg um Afrika herum nach Indien?	**29.** Vasco da Gama 1498

Falls ein Spiel erdacht werden soll, sind vielleicht diese Karten sinnvoll:
Ruhekarte: Du darfst dich erholen – 1-mal aussetzen.
Freikarte: für eine beliebige Mitspielerin / einen beliebigen Mitspieler.
Du darfst an einen der folgenden Orte gehen: Delhi, Hyderabad, Kalkutta, Bombay.
Ausgleichskarte: Du darfst die Lösung einer Aufgabe verweigern.
Hilfeanforderungskarte: Du darfst eine beliebige Mitspielerin / einen beliebigen Mitspieler bitten, die Frage zu beantworten. Wenn die Antwort richtig ist, darf **sie / er** fünf Felder vorrücken.
Hektikerkarte: Du darfst noch einmal würfeln.
Freikarte: Du darfst an einen Ort deiner Wahl gehen.
Freikarte für dich: Du darfst an die Spitze des Feldes gehen.
Problemkarte: Du hast alle deine Papiere verloren. Du musst zum Standort, um dir beim Konsulat neue Papiere und Geld zu besorgen. Zum Ausgleich darfst du zweimal würfeln und die Frage ignorieren.

Lernzirkel Indien • 3: Indien in Zahlen

Umfrage

Haben wir eine Vorstellung von Indien?

1. Wie viele Einwohner hat Indien?
- ☐ ca 500 000 000 Menschen
- ☐ ca 1 000 000 000 Menschen
- ☐ ca 900 000 000 Menschen

2. In Deutschland leben etwa 224 Einwohner pro km^2. Sind es in Indien
- ☐ ca 500 Einwohner / km^2
- ☐ ca 400 Einwohner / km^2
- ☐ ca 250 Einwohner / km^2

3. Ist Indien flächenmäßig größer oder kleiner als die Staaten der EU (Europäische Union)?

☐ größer ☐ kleiner

4. Unterstreiche die Nachbarländer Indiens:

Afghanistan, Caylon, Pakistan,China, Japan, Nepal, Bhutan, Myanmar, Bangladesch, Thailand

Aufgaben

1. Vergleiche die statistischen Zahlen mit dem Ergebnis deiner Befragung. Mit welchen Ergebnissen hast du gerechnet? Welche Ergebnisse überraschen dich?
2. Wähle drei Zahlen aus und setze sie grafisch um (Diagramme, Balken zum Vergleich).

Statistisches zu Indien

Fläche

Indien	3 287 263 km^2
EU	2 400 000 km^2
BRD	357 000 km^2

Entfernungen

	in Indien	in Deutschland
Nord-Süd		3 214 km
Ost-West		2 933 km

Ermittle die Entfernungen selbst!

Küste

über 7 500 km (Gesamt) = fast zweimal von der Ostküste zur Westküste der USA

Grenzen

Indien: ca 15 200 km

Einwohnerzahlen

Indien	1,07 Milliarden (2003)
EU	340 Millionen
BRD	82,1 Millionen (2001)

Bevölkerungsdichte (Einwohner pro km^2)

Indien	304
China	132
Belgien	335
England	240
Deutschland	230

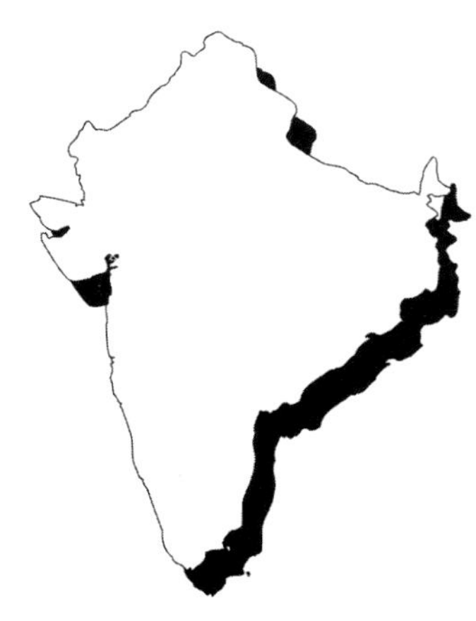

BVK LZ 04 • Martin Geisz: Lernzirkel „Indien"

Lernzirkel Indien • 4: Spurensuche Indien

Indien bei uns

Wo hat Indien unsere Kultur bereichert? Gehen wir gemeinsam auf die Suche! Erkundungen bei Fachleuten und Laien ...

Gruppe 1:

Spurensuche Lebensmittel

WO?

Dritte-Welt-Läden, Einzelhandel, Supermärkten (Marktleiter fragen!)

Internet:
www.transfair.org

Tipp Aus Indien kommen zu uns: Gewürze, Tee ...

Aktionsvorschlag:

FAIRER HANDEL (siehe auch Lernstation 13: Tee aus Darjeeling)

Sich erkundigen, wo es Lebensmittel direkt von den anbauenden Genossenschaften gibt (Adresse GEPA, Talstraße 20, Schwelm, Tel. 0 23 36 / 9 18 20).
Auch die Erkundung eines DRITTE-WELT-LADENS lohnt immer.
Selbst solche Lebensmittel verbrauchen, den Absatz fördern (Sammelbestellungen, Verkaufstische) ...

Gruppe 2:

Spurensuche Religion und Philosophie

„Weisheit des Ostens“ ist bei uns gefragt. Menschen suchen nach Orientierung.
Hinduismus und Buddhismus haben ihre Wurzeln in Indien. Aber auch das Christentum hat aus Indien neue Impulse erhalten. Viele Schüler kennen inzwischen aus dem Unterrichtsalltag „Mandalas“.

Wo?

In der Schule: Ethiklehrer / Religionslehrer / Philosophielehrer ...
Buchhandlungen, Bibliotheken, buddhistische Zentren, Internet, Stiftung Weltethos, Interviews mit Menschen aus Indien, die bei uns leben.

Religionszugehörigkeit in Zahlen

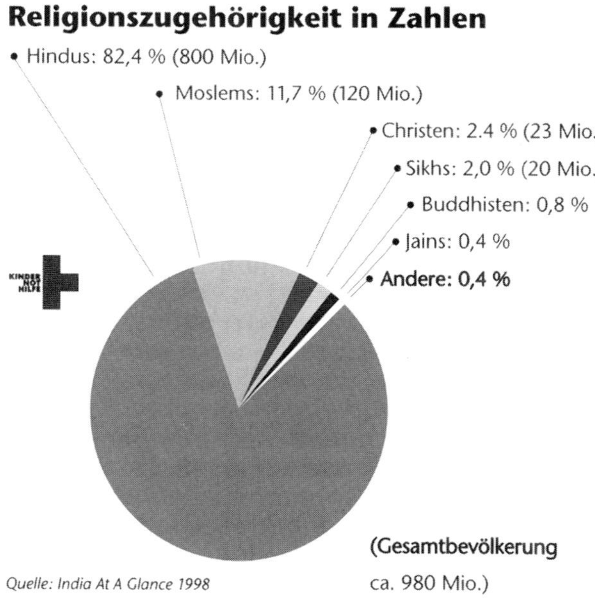

aus Kindernothilfe (Hrsg.): Indien. 1999

Tipps **Personen**, die interessieren: Buddha, Ghandi, Tagore, Dalai Lama (lebt in Indien im Exil)
Ideen aus indischen Religionen: Wiedergeburt, Meditation, Yoga, Mandala, Kasten

Lernzirkel Indien • 4: Spurensuche Indien

Gruppe 3:

Spurensuche

Literatur

Indische Literatur wird bei uns auch von vielen Menschen, die sonst Indien nicht interessiert, gelesen.

WO?

Spurensuche in Bibliotheken: Welche Autoren aus Indien sind in der Schulbibliothek vertreten? Oder in Buchhandlungen? Gibt es Bestseller aus Indien? Besondere Tipps des Buchhändlers?

Tipps

- Ellen Tijsinger: Sonnenkind. Ein indischer Junge in den Fängen von Kinderhändlern. Urachhaus Verlag. Stuttgart 2000. 150 S. (Jugendbuch)
- Shashi Deshpande: Der schlafende Tiger. Nagel & Kimche. Zürich 1998. 204 S. (Jugendbuch)
- Mulk Raj Anand: Der Unberührbare. Unionsverlag. Zürich 2003. (Roman)
- Mukul Kesavan: Die Reise nach Benares. Heyne. 2. Auflage, München 1995 (Roman)

Aktionsvorschlag:

- Anschaffungsvorschläge für die Schulbibliothek machen
- Mit Hilfe der Schulbibliothek oder einer Buchhandlung einen Büchertisch mit Literatur aus Indien und Sachbücher über Indien einrichten ...
- Lesemarathon: Es werden ausgewählte Texte (Romanauszüge, Gedichte, Geschichten) von Autoren aus Indien vorgelesen.

Gruppe 4:

Spurensuche

Verbindungen

Wir suchen in unserer Umgebung Verbindungen zu Indien.

WO?

Industrie- und Handelskammer, große Firmen, Museen, Reisebüros, Kirchengemeinden, Nichtregierungsorganisationen

Tipps

- Wirtschaftsbeziehungen von Firmen nach Indien (Umfrage, Erkundung bei der IHK)
- Ausstellungsstücke aus Indien in Museen am Ort
- Partnerschaften zwischen Gemeinden, Schulen, Kirchengemeinden (Entwicklungshelfer, Missionare)
- Projekte der Nichtregierungsorganisationen in Indien (Bei den auf S. 48 angegebenen Adressen gibt es weitere Informationen!)

Lernzirkel Indien • 4: Spurensuche Indien

Gruppe 5:

Spurensuche Musik

Was fehlte unserer **Musik** ohne Einflüsse aus Indien?

WO?

Musikalienhandlungen, Musikschulen, Musiklehrer, Tanzschule / Tanzlehrer

Tipps

Einige Schlagworte als Tipp für die Spurensuche:

- Welche Einflüsse indischer Musik haben sich in Europa bemerkbar gemacht?
- Viele Einflüsse aus Indien auf unsere Musik nehmen wir heute als selbstverständlich.
- Rhythmen und Tänze aus Indien:
  Musikinstrumente:
  Sita, Tamplar und Tampora

CD-TIPP:

- Irshad KHAN. The Magic of Twilight. Indische Ragas für Sita, Tamplar und Tampora (Naxos NX 76001-2)
- Bhangara Beatz (Bhangara ist die traditionelle Tanz- und Volksmusik der Region Punjab im Norden Indiens und Pakistans.) (Naxos, NX 76012-2)

Gruppe 6:

Spurensuche Internet

WO?

Online-PC (Computerraum, Arbeitsstation mit PC in der Schule)

Adressen aus Indien sind im Internet erreichbar. Ebenso gibt es viele Adressen, die sich mit Indien beschäftigen.

Tipps

Gib in einer **Suchmaschine** (z. B. *http://www.google.de*) Begriffe ein, zu denen Informationen gesucht werden (Beispiele: „Indien“, „India“ (dann werden englischsprachige Seiten angezeigt), „Straßenkinder“, „Dalits“ ...).

Adressen:

http://www.globern21.de/indien.html „Linkseite Indien“, die ständig aktualisiert wird
www.indien aktuell.de
www.expressindia.de (Online-Zeitung aus Indien)
Zeitungsausschnitte im Internet suchen (http://www.paperball.de)

Lernzirkel Indien • 5: Die große Indienreise

1. Eine Reise nach Indien

Aufgaben

Stellt euch vor: Geld steht genug zur Verfügung. Ein Reisebüro wartet nur darauf, für euch tätig zu werden und eine große Rundreise in Indien zu organisieren. Hier allerdings müsst ihr Ziele eintragen, die ihr besuchen wollt:
Sammelt in der Gruppe Ideen, notiert kurz die Begründung für das Ziel.
Sucht die Ziele im Atlas, markiert sie auf der Karte (Klebepunkt).

Ziel:	Begründung:

BVK LZ 04 • Martin Geisz: Lernzirkel „Indien“

Lernzirkel Indien • 5: Die große Indienreise

2. Was der Reisemarkt so bietet ...

Besorgt euch in Reisebüros Prospekte zu „Fernreisen“. Wählt eine große Rundreise aus und bearbeitet die Fragen.

Aufgaben

1. Verfolgt die Reiseroute der ausgewählten Reise im Atlas.
2. Tragt sie in eure Karte ein.
3. Sortiert die Ziele (Möglichkeit: Städte – Hauptstädte; sehenswerte geschichtliche Ziele; „Naturereignis“ usw.).
4. Gebt Informationen: besuchte Städte, die längste Tagesentfernung, die größte besuchte Stadt, das höchste (auch überflogene) Gebirge, der längste (auch überflogene) Fluss, Ozeane, in denen gebadet werden kann ...
5. Wollt ihr euren eigenen Reisevorschlag korrigieren oder beibehalten? Begründen solltet ihr eure Entscheidung in jedem Fall.

Ihr könnt auch mit dem hier abgedruckten Material arbeiten!

9-Tage-Reise nach Indien

Reiseablauf:

1. Tag: Deutschland – Goa
Nachmittags Abflug von Berlin, München oder Düsseldorf nach Goa

2. Tag: Goa
Nach Ankunft in Goa Transfer zum Strandhotel. Rest des Tages zur freien Verfügung. Übernachtung.

3. Tag: Goa – Delhi
Nach dem Frühstück haben Sie noch etwas Zeit zur freien Verfügung, bis Sie gegen Mittag zum Flughafen fahren und nach Delhi fliegen. Am Nachmittag Ankunft in Delhi. Dort haben Sie Zeit zur freien Verfügung. Abendessen und Übernachtung.

4. Tag: Delhi
Nach dem Frühstück beginnt Ihr Tag mit einer Stadtrundfahrt durch Alt- und Neu-Delhi, die Sie u. a. zum Roten Fort, zum Diwa-i-Khas, zur eleganten Jama Moschee, zum Chandni Chowk, Raj Ghat, zum Firuz Shah Kotla und die Ashoka-Säule führt. In Neu-Delhi sehen Sie u. a. das Regierungsviertel Rashtrapati Bhawan, Parlamentsgebäude, das Grab des Humayun, Outb Minar, die Quwwat-ul-Islam-Moschee und die Eiserne Säule. Abendessen in Ihrem Hotel in Delhi und Übernachtung.

5. Tag: Delhi – Agra
Nach dem Frühstück geht unsere Fahrt weiter nach Agra. Nach Ankunft Transfer ins Hotel Mansingh. Abendessen und Übernachtung.

6. Tag: Agra – Samode
Vormittags besichtigen Sie eines der berühmtesten Bauwerke der Welt, das Taj Mahal. Es ist in seiner vollkommenen Harmonie sicher das herausragendste Bauwerk der gesamten indischen Architektur.
Außergewöhnliche Künstler und 20 000 Arbeiter bauten 17 Jahre an diesem mit Edelsteinen besetzten Kunstwerk aus Marmor.
Weitere Höhepunkte der Stadtrundfahrt sind das imposante Fort von Agra mit der Diwan-i-Am, dem Jasminturm und dem Diwan-i-Khas. Am Nachmittag Fahrt nach Samode. Auf dem Weg, ca. 37 km westlich von Agra, besuchen Sie Fatehpur Sikri, das zum Gedenken an den Sohn Akbars erbaut wurde. Obwohl die Stadt heute verlassen ist, ist sie noch vollkommen erhalten geblieben und gilt als unvergleichliches Beispiel Hindu-Sarazenischer Architektur.
Weiterfahrt nach Samode, bekannt für seinen glitzernden Palast. Check-In im berühmten Hotel Palace, einem ehemaligen Maharadscha-Palast.

7. Tag: Samode – Jaipur
Am Vormittag können Sie einen Spaziergang durch das Dorf Samode unternehmen, das Ihnen einen guten Einblick in das ländliche Leben Rajasthans vermittelt. Am Nachmittag ca. einstündige Fahrt nach Haipur, der Hauptstadt Rajasthans. Übernachtung im Hotel Mansingh in Haipur.

8. Tag: Jaipur – Amber – Jaipur
Morgens Fahrt in die 11 km entfernte alte Hauptstadt Amber, die auch die schlafende Schönheit Rajasthans genannt wird. Auf dem Rücken eines Elefanten reiten Sie dann auf die Festung und zur Palastanlage. Am Nachmittag besichtigen Sie die „Rosarote Stadt" mit dem bekannten Palast der Winde und der Altstadt mit ihrer mächtigen Stadtmauer aus rotem Sandstein und lokalem Basar. Übernachtung im Hotel Mansingh.

9. Tag: Jaipur – Bombay (Mumbai) – Goa
Nach dem zeitigen Frühstück Transfer zum Flughafen und Flug nach Bombay. Gegen Mittag Weiterflug nach Goa. Transfer zum Hotel und Beginn Ihres Anschlussaufenthaltes.

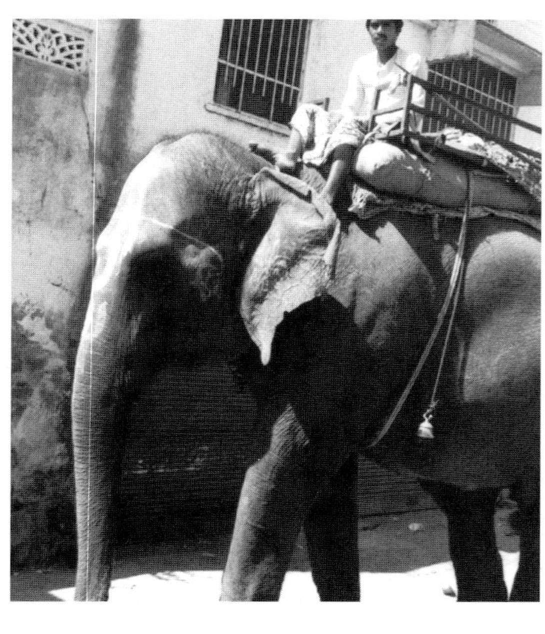

Lernzirkel Indien • 5: Die große Indienreise

3. Klima und Kleidung

Beschäftigt euch mit den Klimakarten im Atlas.
Sucht die ausgewählten Reiseziele.

Entscheidet selbst:

gute Reisezeit, weil	schlechte Reisezeit, weil

Zusatzaufgaben / Projekte

Tourismus nach Indien

- Erkundung in einem Reisebüro
- Fragebogen entwickeln, mit dem man herausbekommen kann, ob Indien als Reiseziel beliebt ist, welche Reisen gebucht werden, wer bucht, zu welchen Zeiten besonders viele Reisen angeboten / gebucht werden, welche Anbieter besonders günstig sind …
- Gemeinsam überlegen: Was bedeuten „Tourismus", „touristische Erschließung", für die, die an den Zielorten leben, für die Umwelt dort?

Internet-Hinweis:
www.indien.aktuell.de

Lernzirkel Indien • 5: Die große Indienreise

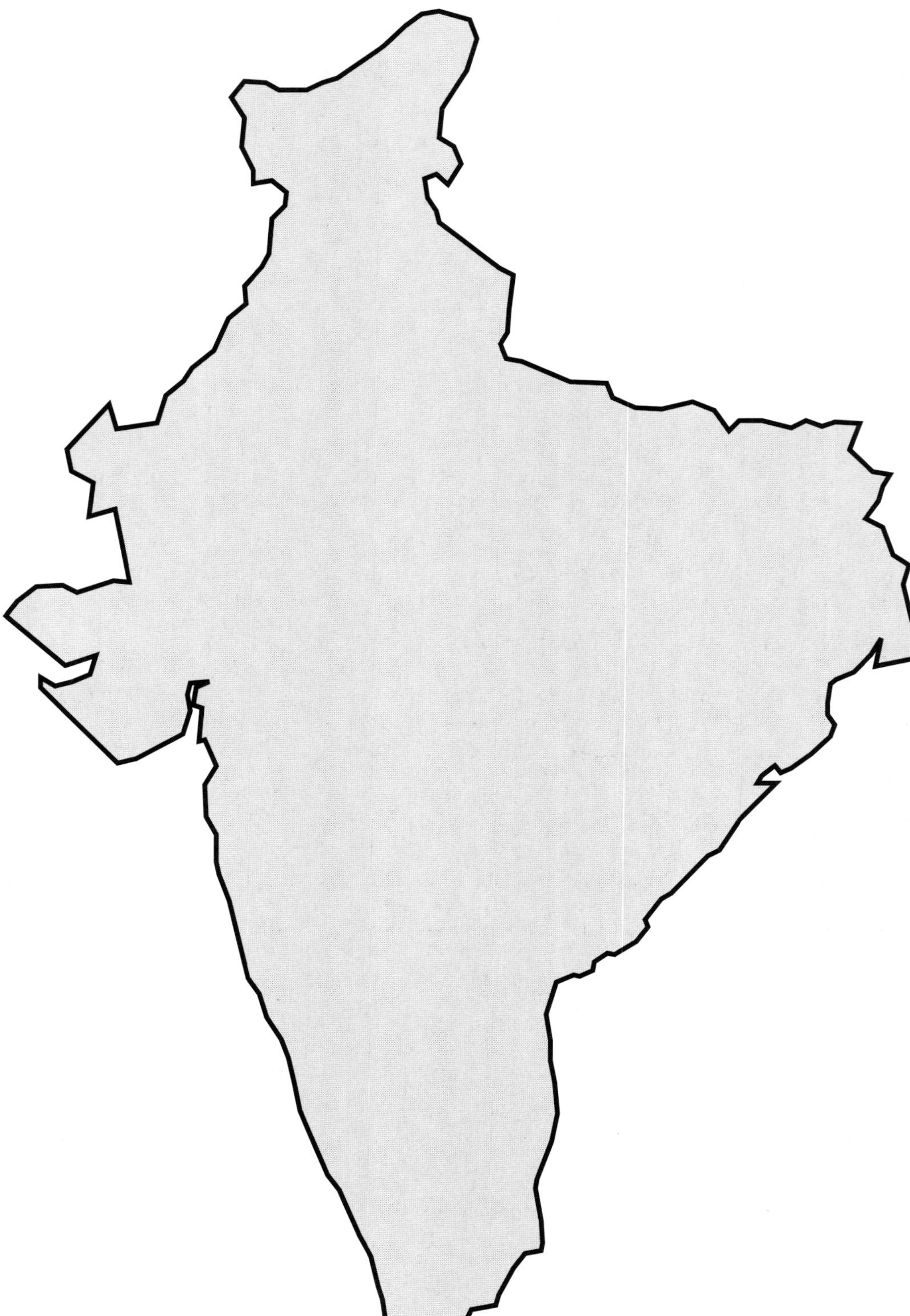

Trage ein:
Fluss: Ganges / **Gebirge:** Himalaya, Westghats, Ostghats / Hochland von Dekkan / **Städte:** Neu Delhi, Kalkutta, Haiderabad, Bangalore / **Wüste:** Tharr

Diese Skizze kann als Vorlage für die Stationen 2 und 5 oder als Arbeitskarte genutzt werden.
Bei Bedarf bitte vergrößern!

Lernzirkel Indien • 6: Großstadt Bangalore

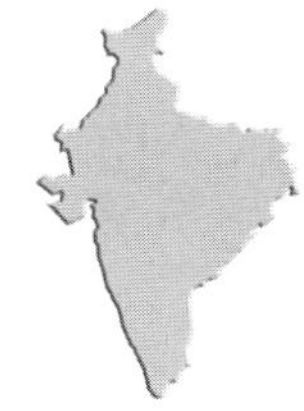

Bangalore: Stadt der Zukunft – Stadt der Hoffnung

Bangalore, die Hauptstadt des Bundesstaates Karnataka, hat viele Gesichter: Es ist das Silicon-Valley Indiens – Computer- und Luftfahrtindustrie haben für einen beispiellosen Boom gesorgt. Bangalore lockt mit attraktiven Jobs in den Industrien, den Universitäten und Forschungsinstituten und mit hoher Lebensqualität: Die „Gartenstadt Indiens“ mit ihren schönen Parks und Gärten bietet vielfältige Kulturereignisse, das Klima ist mild, wer Geld hat, kann alles kaufen. Sogar im „Guiness-Buch der Rekorde“ findet sich Bangalore: Das größte Spielzeuggeschäft der Welt liegt an der Straße zum Flughafen und lockt die Kunden mit tanzenden Mickey-Mäusen.

Aus einem Lexikon: BANGALORE
Hauptstadt des südindischen Bundesstaats Karnataka, im Hochland von Dekhan. 1,7 Millionen Einwohner; Flughafen, Handels- und Hafenstadt; Universität; Königspalast mit buddhistischen Tempeln und Klöstern. Textil-, Elektro-, Maschinen-, Chemie- und Flugzeugindustrie.

Indiens erster Ministerpräsident Nehruz nannte Bangalore die „Stadt der Zukunft“ und das scheint eine weise Prophezeiung. Allerdings gilt sie nicht nur für den Glanz der Stadt. Wie in anderen indischen Großstädten ist in Bangalore der Müll zum Problem geworden und der Verkehr droht die „Gartenstadt“ zu ersticken.
Die Armen der Stadt – etwa eine Million Menschen leben in den 400 Slums – haben genau hier ihre Arbeitsplätze: Tausende sammeln alles Verwertbare aus Mülltonnen und -kippen und verkaufen es an Händler. Straßenkinder bewachen Autos und verkaufen Zeitungen und Erfrischungen an die Leute im Dauer-Stau. Auch für die Armen ist Bangalore die Stadt der Hoffnung: Wer aus einem Dorf ohne Stromanschluss kommt, der hat jetzt elektrisches Licht. Wer sein Wasser mühsam aus Brunnen zog, freut sich über einen Wasserhahn für 500 Menschen. Und der Weg zum Doktor, ins Kino oder in eine Schule ist aus jedem Slum kürzer als aus den meisten Dörfern. Ebenso wichtig: Stadtluft macht frei. Denn hier sind Landlose und Unberührbare sicherer vor den Schikanen von Großgrundbesitzern und ihren Schergen. Dank des großen Mittelstandes ist Bangalore auch die Stadt der Bürgerinitiativen, der Sozial- und Umweltaktivisten, die sich lautstark in die Debatten um Müll und Verkehr, Armut und Rechtlosigkeit und die Atompolitik Indiens einmischen.

Aufgaben

1. Suche Bangalore im Atlas. Trage die Stadt in die Indienkarte ein.
2. Vergleiche mit einer Stadt in Deutschland (z. B. München):

	Bangalore	
Einwohner		
Industrie		
Sehenswürdigkeiten		
Hauptstadt von		

3. Schreibe Stichworte in die Dreiecke, die Bangalore charakterisieren:

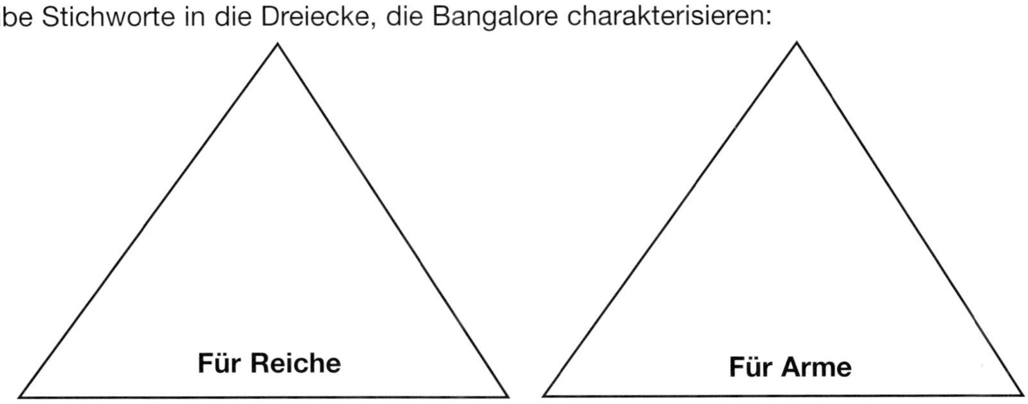

Möchtet ihr in Bangalore leben? Begründung für die Antwort?

Lernzirkel Indien • 7: Straßenkinder in der Stadt der Zukunft

Zwei von 45.000

Straßenkinder gehören zur Stadt der Zukunft

Malesha war sechs Jahre alt, als er als blinder Passagier mit dem Zug in Bangalore ankam. Sein ganzer Besitz waren zwei Ohrringe und eine Decke. Seine Eltern sind landlose Arbeiter in einem kleinen Dorf. Sie arbeiten hart und haben dennoch kaum genug, um wenigstens ihren Hunger zu stillen. Eines Tages kam ein Nachbarjunge zurück ins Dorf. Er erzählte von Bangalore, der schönen Stadt mit den Kinos und den großen Häusern. Und er erzählte von seinem tollen Job in einem Hotel. 30 Rupien verdiente er dort im Monat (etwa 0,56 Euro) und er brachte seiner Familie einen Stereo-Kassettenrekorder als Geschenk. Dass der nicht von seinem Lohn bezahlt sein konnte, darüber machte Malesha sich keine Gedanken. An diesem Tag beschloss er, in der Stadt sein Glück zu suchen.

Er versteckte sich in einem Zug und kam wenige Stunden später in der großen Stadt an. Verwirrt von den vielen Menschen, dem Lärm und Betrieb, war er froh, als ein Mann ihn gleich auf dem Bahnsteig ansprach und ihm Unterkunft und Arbeit anbot. Malesha gab ihm seine Ohrringe und die Decke, der Mann bedeutete ihm zu warten, er würde in ein paar Minuten wiederkommen, nachdem er die Sachen in Sicherheit gebracht habe. Der Mann kam nie wieder; Malesha war verzweifelt.

Eine Gruppe Straßenkinder wurde auf ihn aufmerksam. Sie luden ihn zum Essen ein, er musste nur versprechen, den Älteren zu gehorchen.

In der Gruppe ist auch Parvathi, die ein Mädchen ist, aber aussieht wie ein Junge. Die Haare sind geschoren, sie trägt Hosen und macht ein möglichst grimmiges Gesicht. Das schützt vor Männern, die sich an Mädchen heranmachen. Parvathi wurde mit sieben Jahren von ihrem Vater in der Stadt ausgesetzt. Ihre Mutter war gestorben, der Vater wollte wieder heiraten und da störte die Tochter.

Malesha hat schnell gelernt, auf der Straße zu überleben: Die Kinder der Gruppe schlafen in einem stillgelegten Abflussrohr, sammeln und sortieren Papier und Metall aus den Müllhaufen und verkaufen es an Händler. Essen suchen sie in Mülleimern. Nachts leeren sie ihre Taschen und verstecken ihre wenigen Rupien. Man kann nie sicher sein, ob nicht ein Polizist vorbeikommt und ihnen dafür, dass er sie weiterschlafen lässt und nicht auf die Wache schleppt, ihr Geld abnimmt.

Wenn sie einen Glückstag haben und genug Geld verdienen, gehen die Kinder ins Kino. Stundenlang können sie sich über Helden und Schurken, schöne Frauen und tolle Autos unterhalten. Heute ist Malesha acht Jahre alt und sein größter Wunsch ist noch immer, eines Tages mit einem Stereo-Kassettenrekorder nach Hause zu fahren.

(Quelle: Barbara Küppers: Zwei von 45.000. In: Die Zeitung.terre des hommes. April 2000)

Aufgabe

Malesha schreibt einen Brief aus Bangalore an einen guten Freund in seiner alten Heimat:

BVK LZ 04 • Martin Geisz: Lernzirkel „Indien“

Lernzirkel Indien • 7: Straßenkinder in der Stadt der Zukunft

Erklärung der Rechte des Kindes - in 10 Punkten

Kinderrechte nach der Kinderrechtskonvention	**Stichwort**	**Gelten die Kinderrechte für Malesha?**
1. Das Recht auf Gleichheit unabhängig von Rasse, Religion, Herkunft, Geschlecht		
2. Das Recht auf eine gesunde körperliche und geistige Entwicklung		
3. Das Recht auf einen Namen und eine Staatsangehörigkeit		
4. Das Recht auf ausreichende Ernährung, Wohnung und medizinische Betreuung		
5. Das Recht auf besondere Betreuung, wenn es behindert ist		
6. Das Recht auf Liebe, Verständnis und Fürsorge		
7. Das Recht auf unentgeltlichen Unterricht, auf Spiel und Erholung		
8. Das Recht auf sofortige Hilfe bei Katastrophen und Notlagen		
9. Das Recht auf Schutz vor Grausamkeit, Vernachlässigung und Ausnutzung		
10. Das Recht auf Schutz vor Verfolgung im Geiste weltumspannender Geschwisterlichkeit und des Friedens		

(nach einer Vorlage von UNICEF)

Lernzirkel Indien • 8: Internet-Erkundungen

Aufgabe

Arbeitsauftrag für Rechercheure im Internet

Thema: Straßenkinder

Recherchierte Adresse:
www ....

Welche Informationen gibt es zu Straßenkindern / Kinderarbeit?
Ort?
Zeit?
Wie leben Straßenkinder?

Gibt es Angaben dazu, weshalb Kinder auf der Straße leben müssen?

Können Straßenkinder sich selbst helfen?

Was können wir tun? Hilfsprojekte für Straßenkinder ...

Internetadressen:

1. *http://www.globlern21.de*
   (unter „Unterricht, Themen, Problemfelder" – „Kinderarbeit")
   umfassende Informationen und Links direkt zu den Adressen im Internet

2. weitere Adressen (auch über *http://www.globlern21.de* zu erreichen):

PROJEKT: OFF-ROAD-KIDS e.V. Chancen für Straßenkinder in Deutschland
http://www.offroadkids.de

www.globalmarch.de

www.unicef.de

www.kindernothilfe.de

www.pronats.de
Pronats – Texte von arbeitenden Kindern, ein anderer Blick auf Kinderarbeit.

Aufgabe

Thema: Straßenkinder

Informiere dich über die Arbeit von Initiativen, die sich um FAIREN HANDEL bemühen. Gib der Klasse einen kurzen Bericht. Die folgenden Fragen / Stichwörter können helfen.

1. Adresse, Kontakt, Logo

2. Welche Produkte werden angeboten?

3. Wie werden faire Bedingungen für die Produzenten der Waren (z. B. Tee, Kaffee, Bananen, Orangensaft, Teppiche ...) sichergestellt?

Erkundungen im Internet / oder auf CD-ROM

Wir nutzen in unserem Alltag viele Produkte aus Regionen der Dritten Welt. Ein Leben ohne Kaffee, Tee, Kakao, Schokolade oder Bananen ist eigentlich nicht vorstellbar.

Die, die diese Produkte anbauen, ernten und oft auch verarbeiten, erhalten nur einen ganz kleinen Teil von dem, was wir bezahlen. Es gibt bei uns Initiativen, die die Bedingungen für die Produzenten verbessern wollen – entweder durch Projekte in den Erzeugerländern und / oder durch Veränderungen im Handel.

Internetadressen
www.teekampagne.de
www.transfair.org
www.rugmark.de
www.weltladen.de

BVK LZ 04 • Martin Geisz: Lernzirkel „Indien"

Lernzirkel Indien • 9: Leben in Zeiten der Globalisierung – Hoffnung von Indern und Deutschen

Aufgaben

1. Fülle zunächst den Fragebogen aus und vergleiche die Antworten mit denen deiner MitschülerInnen.
2. Lies jetzt die Antwort von Natubhai Dhanjibhai Kahariadi aus Rajgol, einem Dorf im Bezirk Sabarkantha, in der Nähe von Ahmedabad. Kommentiere in der dafür vorgesehenen Spalte.
3. Schreibt zunächst auf, wo ihr die größten Gemeinsamkeiten seht, dann wo ihr die größten Unterschiede seht. Ihr könnt auch mit Markierungspunkten arbeiten.
4. Formuliert gemeinsam das Ergebnis des Vergleichs
   - in Thesen,
   - oder in einer Collage,
   - oder in einem Rollenspiel (Interview, Gespräch).

Fragebogen „Leben in Zeiten der Globalisierung“

1. Persönliche Daten:

- Name
- Alter
- Wohnort
- Wohnsituation
  Beschreibe, wie du wohnst (Haus, Wohnung, Zimmer, Ausstattung, Lage, wie viele Menschen, wer lebt mit dir zusammen?)
- Schule: Welche Schulart besuchst du?
- Ausbildung
  Wie lange gehst du schon in die Schule? Welche Abschlüsse / Prüfungen / Ausbildungen hast du schon gemacht?
- Familie(nstand)
  Erzähle uns etwas über deine Familie. Hast du einen Freund / eine Freundin? Bist du verheiratet? Hast du Kinder?

2. Der Alltag

- Arbeit / Schule / Alltag
  Beschreibe uns einen normalen Schul- bzw. Arbeitsalltag. Wie kommst du zur Schule / Arbeit? Wie weit entfernt ist das? Wie sieht ein normaler freier Tag aus (Wochenende o. Ä.)?
  Musst du zusätzlich zu deinem normalen Schulalltag / Arbeitstag noch Arbeiten verrichten?
- Freizeit
  Was machst du in deiner Freizeit (Sport, Musik, Popgruppen, Idole, Kleidung, Ernährung …)? Was machst du in den Ferien / im Urlaub?
- Konsum
  Hast du eigenes Geld? Wenn ja, was kaufst du dir davon? Was isst du normalerweise? Was ist dein Lieblingsgericht? Was trinkst du? Was trinkt man in deinem Land / in deiner Gegend vor allem? Was ist dein Lieblingsgetränk? Wie kleidest du dich? …
- Kommunikation / Medien
  Wie kommunizierst du mit anderen Menschen, mit denen du nicht direkt sprechen kannst? Habt Ihr Telefon / ein Fax-Gerät / einen Computer mit E-Mail-Adresse oder Internetanschluss? Siehst du fern? Hörst du Radio?
- Verkehrsmittel
  Welche Verkehrsmittel gibt es bei euch? Welche benutzt du?
- Internationale Kontakte
  Hast du Kontakte zu Menschen in anderen Ländern? Wenn ja, zu wem, aus welchem Land, wie sind die Kontakte zustande gekommen?
- Politisches / soziales Engagement
  Engagierst du dich sozial oder politisch? Wenn ja, wofür, wie, wo?

3. Die Zukunft

- Was macht dir Hoffnung? – Wie stellst du dir deine Zukunft vor? – Was möchtest du werden?
- Welche Abschlüsse / Ausbildung möchtest du machen? – Wovor hast du am meisten Angst?

Lernzirkel Indien • 9: Leben in Zeiten der Globalisierung – Hoffnung von Indern und Deutschen

Ein Jugendlicher aus Indien beschreibt seinen Alltag

Natubhai Dhanjibhai Kahariadi („Natu“): „Hobbys habe ich eigentlich keine“

Mein Name ist Natvar („Natu“) und ich bin 17 Jahre alt. Ich wohne mit meinen Eltern, meinen vier Geschwistern und der Großmutter in Rajgol, einem Dorf im Bezirk Sabarkantha, in der Nähe von Ahmedabad. Ich bin noch nicht verheiratet und möchte in den nächsten Jahren die Hochschule besuchen.

Die Schule
Ich habe zehn Jahre lang die Missionsschule St. Xavier besucht und dort auch im Schülerheim gewohnt. Darüber bin ich sehr froh, weil unsere örtliche Schule bei weitem nicht so gut ist. Nach dem Examen ist der Weg für die High-School geöffnet. Nach fünf Jahren kann ich dann den Universitätsabschluss erlangen.

Mein Zuhause und meine Familie
Zu Hause wohnen wir in einem großen, fensterlosen Lehmhaus. Es gibt keine Einzelzimmer für die Mitglieder der Familie, sondern nur einen großen Gemeinschaftsraum und eine Küche. Im Sommer schlafen wir alle auf der Veranda. Ich habe zwei Brüder und zwei Schwestern, die alle jünger sind als ich. Mein Vater stammt aus einer Bauernfamilie. Uns gehören mehrere gute Ackergrundstücke, auf denen wir im Sommer während der Monsun-Zeit Mais und im Winter Weizen anbauen.
Unser Brunnen trocknet in heißen Sommern manchmal aus; dann fehlt das Wasser für die Bewässerung. Es gibt in der Nähe jedoch noch einen tieferen Brunnen, der von der Regierung gebaut wurde und dem wir mit einer Handpumpe Wasser zum Kochen, Trinken und Waschen entnehmen können. Mein Vater heißt Dhanjibhai Hira. Dhan bedeutet Reichtum und Hira „Diamanten“. Im echten Leben haben wir jedoch weder das eine noch das andere!

Mein Alltag zu Hause
Das Arbeiten auf dem Feld ist eine gemeinschaftliche Familienaufgabe. Vor allem wenn Mitte Juni der Regen einsetzt, ist die ganze Familie mit Bepflanzen, Pflügen, Säen, Unkrautjäten und Ernten beschäftigt. Erst nach der Ernte im März haben wir mehr Freizeit. Dann kommt auch die Zeit der Hochzeiten! In den Ferien können wir keine großen und längeren Unternehmungen machen. Die jüngeren Familienmitglieder kümmern sich in der Regel um die Ziegen, die Büffel und Kühe auf den Feldern. Unsere Familie besitzt zwei Büffel, zwei Zugochsen für die Feldarbeit, eine Kuh, drei Ziegen und acht bis zehn Hühner. Die Mutter muss morgens das Korn für den Tag mahlen; dazu steht sie um fünf Uhr früh auf und mahlt mit der Handmühle mindestens 1 bis 2 Stunden. Sie ist den ganzen Tag beschäftigt. Wenn es auf dem Feld nicht mehr so viel zu tun gibt, arbeitet mein Vater oft bis zu acht Stunden am Tag an der Handspinnmaschine, die von der Regierung zur Verfügung gestellt wird. Meine Schwester kümmert sich um das Essen. Oft gibt es Tschapaties (Teigfladen) und Dal (Linsen). Fleisch gibt es ganz selten.

Alltag während der Schulzeit
In meiner Schule beginnt der Tag um 5.45 Uhr, eine halbe Stunde später ist Morgengebet. Nach dem Frühstück studieren wir. Die Schule dauert bis 17.00 Uhr. Danach haben wir eine Stunde Zeit für Spielen und Waschen. Anschließend wieder Studieren bis 22.30 Uhr, unterbrochen vom Abendessen. Zu unseren Aufgaben im Schülerheim gehört es auch, beim Putzen des Gebäudes mitzuhelfen. In der Freizeit höre ich gerne unsere Musik. Zu Hause ist ein Tag wie der andere. Es gibt nur wenige Ausnahmen, so zum Beispiel, wenn ich Freunde oder meine Cousine besuche, die in der Nähe wohnt. Hobbys habe ich eigentlich keine. In den Ferien haben wir im Schülerheim extra Studientage und Sportveranstaltungen. Doch wir können auch zum Fluss gehen und schwimmen oder Fische fangen. Viele meiner Schulfreunde müssen in die Stadt zur Arbeit gehen, um sich Geld für Kleider und Bücher zu verdienen, wenn ihre Eltern dafür nicht aufkommen können. Ich habe kein eigenes Geld, aber mein Vater gibt mir welches, wenn ich es für die Schule oder zum Kauf von Büchern brauche. Wenn ich oder andere in der Familie Geld benötigen, verkauft er Getreide. Nach der Ernte im Winter können wir jeder ein neues Kleidungsstück kaufen.

Krankheit und Gebete
Wenn einer bei uns krank ist, holen wir den Geistheiler aus dem Dorf. Er setzt sich neben den Kranken und macht heiligen Rauch und singt Gebete zu einem Guru. Meist verstehen wir die Gebete nicht. Wir glauben, dass das hilft. Wir denken, der Kranke ist von einem bösen Geist besessen. Manchmal kommt ein heiliger Mann (Sadhu) zu uns, dann singen wir Gebete. Nach dem Essen beugen wir das Haupt vor dem heiligen Bild.

Kommunikation und Verkehr
Telefon oder Faxgeräte gibt es bei uns nicht und mit meinen Freunden rede ich an Ort und Stelle oder schreibe einen Brief.
(Quelle: Uli Jäger/Evi Schwarz, Brot für die Welt (Hrsg): Leben in Zeiten der Globalisierung, Stuttgart 1997)

Kommentarspalte

Lernzirkel Indien • 10: Frauen zwischen Tradition und Moderne

Wenig Chancen für eine eigene Wahl

Liebesheirat contra arrangierte Heirat, das ist auch für die 24-jährige Dina eine Frage. Sie hat im Ausland studiert und einen guten Job in Bangalore. „Am liebsten würde ich selbst jemanden zum Heiraten finden", meint sie und lacht. „Aber es gibt nicht viele Gelegenheiten für junge Leute in Indien, sich kennen zu lernen." Gemeinsam auszugehen, Kino, Kneipen, Sport und Partys galten bis vor wenigen Jahren sogar als Tabu. „Oder man muss die Erlaubnis der Eltern haben und abends sehr früh zurück sein." Ein wenig Zeit bleibt Dina noch, bis sie 25 ist. Wenn sie bis dahin niemanden gefunden hat, wird die Familie aktiv.
Wie sie das findet? Dina tut sich schwer mit der Antwort. Gehört sie doch zur ersten Generation junger Leute, deren Denken und Fühlen vom westlichen Ideal der Liebesheirat geprägt ist.
Gleichzeitig ist Dina jedoch noch fest in der traditionellen indischen Familienstruktur zu Hause. „In Indien wird die Heirat als wichtigstes Ereignis im Leben angesehen", erklärt sie, „sowohl für Frauen als auch für Männer. Es ist uns schon ganz früh eingeimpft worden: Mit 24 oder 25 wird geheiratet. Da hat man gar keine Wahl. Wenn man selbst niemanden findet, ist man doch froh, dass jemand anders für einen sucht."
(Quelle: Bettina von Clausewitz: Frauengeschichten. Kindernothilfe (Hrsg.): Indien, Duisburg 1999, S. 12)

Frauenrechtlerin Jyotsna Chatter Ji, Delhi:
Gleichheit vor dem Gesetz?

Gleichzeitig beginnen die Frauen immer mehr Fragen zu stellen: Sind wir etwa keine gleichberechtigten Bürgerinnen? Die indische Verfassung spricht doch von Gleichheit vor dem Gesetz.
Aber der Alltag sieht ganz anders aus. Zu Hause hat sich die Frau den traditionellen Gesetzen zu beugen, die besagen: Frauen sind minderwertig, sie haben sich den Männern unterzuordnen. Die Frau ist in erster Linie Mutter, sie muss die Hausarbeit tun und ihrem Mann sexuell zu Willen sein, wann immer er will. Wenn sie zu intelligent ist, wird sie als „Hexe" beschimpft.
Nach welchen Regeln soll sie sich richten? Nach den alten, traditionellen oder nach den Buchstaben des modernen Gesetzes? Das ist das Dilemma, in dem sich jede Frau in Indien befindet. Deshalb muss sie eine Entscheidung darüber treffen, welche Rolle sie spielen will. Die Rolle einer freien indischen Staatsbürgerin oder die alte Rolle als minderwertige Hausfrau, Mutter und Tochter.
Das ist der Kampf zwischen Tradition und Moderne! Und er hat sich durch unseren Kampf um eine 33-Prozent-Quote zugespitzt.
Die erste Partei, die öffentlich gesagt hatte, wir wollen 33 Prozent für Frauen, hat sich später distanziert und gesagt: „Sind denn die Frauen nicht schon längst frei? Sie sind doch Gottes Kinder. Wir geben ihnen doch alles. Aber wir wollen nicht, dass sie Zigaretten rauchen und kurze Haare tragen." Ist das vielleicht ein Kommentar, den man von erwachsenen Menschen erwartet, die sich ins nukleare Zeitalter aufgemacht haben?

(Quelle: Bettina von Clausewitz: Frauengeschichten. In: Kindernothilfe (Hrsg.): Indien, Duisburg 1999, S. 15, Quelle Karikatur: Titelbild epd-entwicklungspolitik 12 / 97 / IN DEPENDENCE = in Abhängigkeit; INDEPENDENCE = Unabhängigkeit)

Lernzirkel Indien • 10: Frauen zwischen Tradition und Moderne

Aufgaben

Die hier vorgestellten Materialien beleuchten einige wichtige Aspekte im Leben von Indiens Frauen.

1. Lest die Texte, bringt dabei Symbole an (Klebepunkte oder malen):
- schwarzer Punkt = stimme zu
- roter Punkt = stimme nicht zu
- ? = verstehe ich nicht
- X = da muss man erst mal drüber reden

2. Erstellt eine Liste wichtiger Ergebnisse. Dese Tabelle ist ein Arbeitsvorschlag

Das finden wir besonders gut	**Hier üben wir heftige Kritik**	**Hier sehen wir Diskussionsbedarf**	**Hier gibt es Impulse für die Diskussion in Deutschland**
Frauen helfen sich selbst			

3. Diskutiert die Schwerpunkte, bei denen es in eurer Gruppe am wenigsten Übereinstimmung gibt.

4. Beschäftigt euch mit der Karikatur auf Seite 27.
Fertigt ein Plakat mit drei Thesen zum Schwerpunkt „Frauen in Indien“!
Formuliert eine „Überschrift“.

Lernzirkel Indien • 11: Kasten – Dalits – Harijans – Parias – Unberührbare

Indien ist ein Land der Gegensätze. Viele Dörfer sind bis heute vom Kastensystem geprägt. Kastenlose – Dalits – leben am Rand und gelten als unberührbar. Andererseits gehört der Staatspräsident Narayanan zur Gruppe der Kastenlosen (Dalits) und in vielen Städten verliert das Denken in Kasten an Bedeutung. Diese Lernstation stellt die Rolle der Kastenlosen in den Mittelpunkt.

Das indische Kastensystem

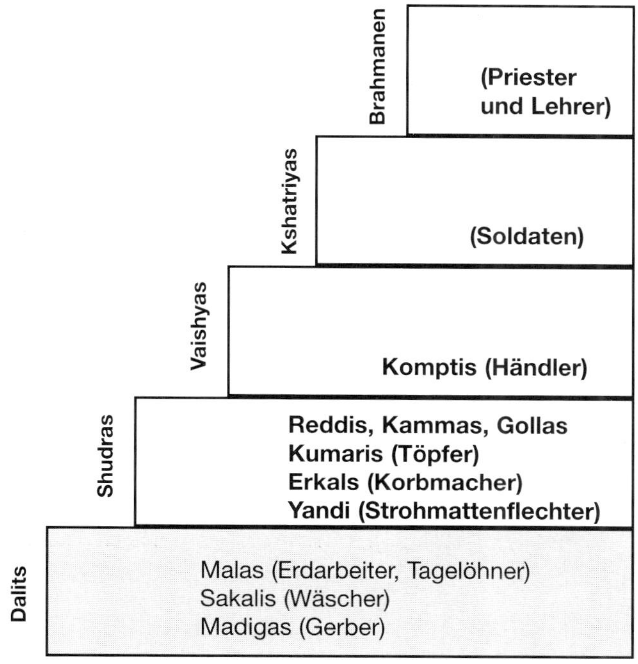

(Quelle: Bernd Eichhorn: Das indische Kastensystem und die Dalits. In: Kindernothilfe (Hrsg.): Indien, Duisburg 1999, S. 11)

Lexikonartikel „Kaste“:
Ca. 80 % aller Inder sind Hindus. Alle Hindus gehören einer Kaste an oder gehören zu den Kastenlosen (Dalits - Harijans - Parias - Unberührbare).
„Die Kaste ist eine grundlegende soziale Gruppe in Indien. Für den gläubigen Hindu gehört es zu seiner religiösen Pflicht, die wirtschaftlichen, sozialen und kulturellen Kastenregeln zu erfüllen. Da Hindus an die Wiedergeburt des Menschen glauben, hat nach ihren Vorstellungen jeder Mensch den Platz inne, den er sich durch seine guten bzw. schlechten Taten im vorherigen Leben erworben hat. Auf Grund einer schlechten Lebensführung, und dazu gehört auch jede Nichtbefolgung der Kastenordnung, kann er im nächsten Leben in eine niedrigere Kaste oder als Tier wiedergeboren werden. Damit wird verständlich, warum viele Gläubige die oft menschenunwürdigen Lebensbedingungen ohne Widerspruch hinnehmen.“
(Quelle: DAHW (Hrsg): Indien - Zahlen Fakten - Meinungen, Würzburg 1995, S. 4.3.

Kastenwesen

„Das Kastenwesen ist Garant des *Status quo*. Es weist jeder Gruppe ihren festen gesellschaftlichen Ort zu. Jeder Mensch muss sich fragen, warum er in eine bestimmte Kaste hineingeboren ist. Die Ursache ist das Gesetz des Karma. Es besagt, dass alles was die Lebenwesen tun, Folgen hat, nicht nur für andere, sondern für sich selbst. Es ist wie Energie. Wenn jemand stirbt, dringt diese gespeicherte Energie in ein neuen Leben hinein, in ein neues Wirkungsfeld. Sie sucht sich einen neuen Leib. Je nach ihrer Güte kann es ein niedriges Tier oder ein Gott sein.“
(Quelle: W.Hoerschelmann, Karma, Wiedergeburt und Kaste in: Kindernothilfe (Hg.): Indien, eine Länderinformation der Kindernothilfe. November 1999, S. 6).

Status quo = der jetzige Zustand

Lernzirkel Indien • 11: Kasten – Dalits – Harijans – Parias – Unberührbare

Ein Dorf bei Hyderabad

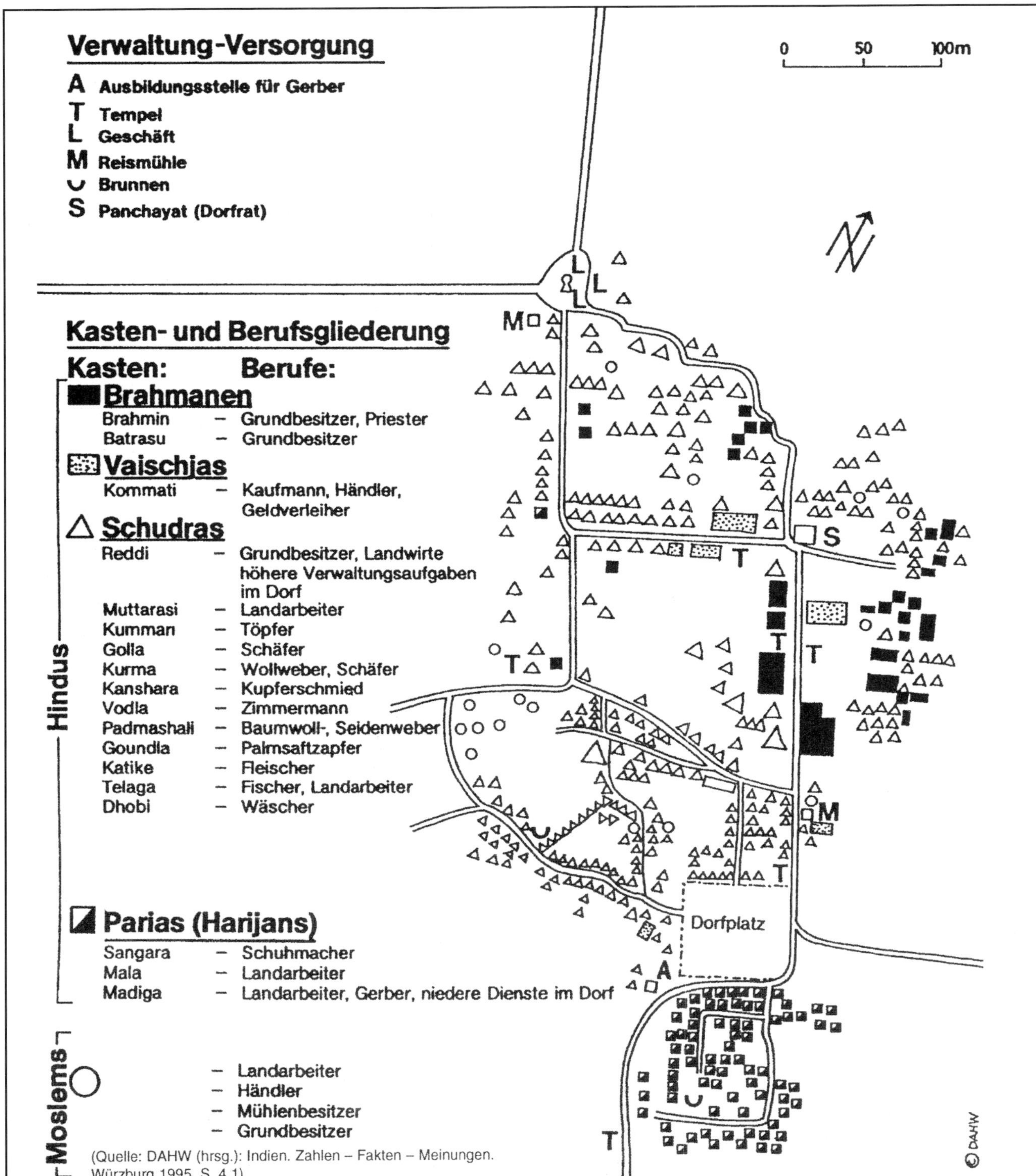

(Quelle: DAHW (hrsg.): Indien. Zahlen – Fakten – Meinungen. Würzburg 1995, S. 4.1)

Notizen: ______________________________

Lernzirkel Indien • 11: Kasten – Dalits – Harijans – Parias – Unberührbare

Wer sind die Dalits?
Eine Geschichte aus der indischen Mythologie

Eine der Schöpfungsgeschichten im Rig Veda, der ältesten der heiligen Schriften Indiens, erzählt vom Urwesen Purusha. Es heißt, aus ihm sei die Welt in all ihrer Vielfalt dadurch entstanden, dass die Götter es opferten: „Als sie Purusha zerteilten, in wie viele Teile zerlegten sie ihn? … Sein Mund wurde zum Priester (Brahmanen), seine Arme zu den Wehrhaften (Kshatriyas), seine Schenkel zur allgemeinen Bevölkerung (Vaishyas: Kaufleute, Landwirte) und seine Füße zu den Dienern (Shudras: Handwerker, Arbeiter).“
Damit ist im Hinduismus die Ordnung für die Welten festgelegt, einschließlich der Ordnungen für das Zusammenleben der Menschen: An erster Stelle stehen die Brahmanen, an zweiter die Krieger, die als Herrscher das Gemeinwesen zu schützen haben, danach kommen die für das Wirtschaftsleben Zuständigen und nach ihnen, ganz unten, die Shudras als die allen dienstbare Gruppe.

Eine alte Geschichte – längst überholt? Nein, sie ist bis heute die bestimmende Ordnung der indischen Gesellschaft – das Kastensystem. Es bedeutet, dass Menschen lebenslang auf eine Ordnung, auf einen Rang festgelegt sind: durch ihre Geburt und ohne eine Chance, daran etwas zu ändern. Man kann zu dieser Form einer Sozialordnung stehen, wie man will – aber es ist ein Skandal, dass es in Indien bis heute Menschen gibt, die noch unterhalb dieser Ordnung stehen. Ihnen wird keine Kaste (das heißt kein Wert) zugebilligt; sie sind „a-varnas“, „Farblose“, also keine richtigen Menschen. Sie selbst nennen sich heute „Dalits“.

(Quelle: Bernd Eichhorn: Das indische Kastensystem und die Dalits. In: Kindernothilfe (Hrsg.): Indien, Duisburg 1999, S. 10)

Aufgaben

1. Beschäftigt euch mit den Materialien dieser Lernstation und ordnet zu: Grundbesitzer, Priester, Gerber, eher arm, eher reich, wohnen im Zentrum, wohnen am Rand, Mund Purushas, Arme Purushas, Füße Purushas, Wäscher, Kinder Gottes, Staatspräsident Narayanan, sollen durch Gesetze geschützt und besonders gefördert werden.

Hauptkasten: **Brahmanen, Kshatriyas, Viashyas, Shudras**	**Dalits (Kastenlose)**

2. Was bedeutet „Kaste“? schreibe einen kurzen Erläuterungstext:
a) Erkläre mit Hilfe der Geschichte aus der indischen Mythologie (siehe oben). Benutze auch die Tabelle und die Grafik (Seite 30).
b) Erkläre, weshalb kein gläubiger Hindu einfach seine Kastenzugehörigkeit aufgibt.

Informationen aus der Kartenskizze: ______________________________

____

____

Lernzirkel Indien • 12: Gerechtigkeit für die Dalits?

Interview

Bettina von Clausewitz interviewt Ruth Manorama, Präsidentin der „National Alliance of Women" mit Sitz im südindischen Bangalore und Leiterin der Zeitschrift „Women's Voice":

Laut Verfassung sind alle Menschen in Indien gleich. Was bedeutet es heute, wie Sie aus einer Dalit-Familie zu stammen?

Noch heute ist jedes Dorf in zwei Siedlungen unterteilt. Im Hauptdorf leben die Kastenangehörigen und außerhalb die Dalits. Sie werden als Unberührbare behandelt, denn in der Hindureligion heißt es, dass Dalits die anderen verunreinigen – was immer das bedeuten soll. Dalits dürfen auf den Feldern der Kastenhindus arbeiten, aber nicht ihr Haus betreten. Kastenhindus würden niemals ein Glas Wasser mit einem Dalit teilen, sie würden ihm das Wasser zum Trinken in die offenen Hände schütten. Früher war das noch schlimmer und diese Zeiten sind nicht ganz vorbei. Kürzlich ist ein junger Dalit in Karnataka im Dorf der Kastenangehörigen über die Hauptstraße gegangen. Zur Strafe wurde er von einem Dorfältesten gezwungen, seinen eigenen Urin aus einer Schale zu trinken.

Man kann sich kaum vorstellen, dass sich solche sozialen Strukturen auch in der Stadt halten können.

In den Städten ist das anders, das moderne Denken nimmt zu. Dort kann man nicht so leicht erkennen, wer Dalit ist und wer nicht. Aber die indische Gesellschaft insgesamt ist stark am Kastensystem orientiert. Wenn man sich zum Beispiel die Heiratsanzeigen in den Zeitungen anguckt, dort werden die Bräute immer nach der Kastenzugehörigkeit ausgesucht. Auch die üblichen arrangierten Heiraten finden immer innerhalb der Kaste statt, wenn nicht, dann ist das ein riesiges Problem. Und natürlich spielt die Kaste auch in der Politik eine große Rolle.

Wofür kämpfen Sie? Sie werden als politische Aktivistin bezeichnet.

Ich setze mich für die Rechte der Dalits und besonders der Dalit-Frauen ein, denn sie werden noch stärker diskriminiert als Männer. Ich nenne sie dreifach diskriminiert. Sie werden als Arbeitskraft ausgebeutet, sie stehen außerhalb des Kastensystems und sie sind Frauen. Das heißt Klasse, Kaste und Geschlecht, auf allen drei Ebenen werden sie diskriminiert. In Indien werden die meisten Vergewaltigungen an Dalit-Frauen verübt. Und falls es einmal zu einem Gerichtsverfahren kommt, dann geht der Vergewaltiger in der Regel straffrei aus, denn auch das Gericht wird ja von Kasten beherrscht. Wo immer sich eine Dalit-Frau als Opfer hinwendet, sie findet keine Gerechtigkeit. Deshalb arbeiten wir daran, ihnen Selbstvertrauen zu geben, damit sie sich behaupten können.

Wie steht es um die Gleichberechtigung von Dalits in den Kirchen? Viele sind ja Christen geworden, um das Kastensystem zu überwinden.

In der Kirche ist es mehr oder weniger so, dass Angehörige der höheren Kasten alle wichtigen Positionen besetzt halten. Auch heute noch. Obwohl die Mitglieder hauptsächlich Dalits sind. Das ändert sich nur langsam. Beim Austeilen des Abendmahls gibt es in manchen Dörfern vor allem in Tamil Nadu immer noch verschiedene Becher für Kastenangehörige und Kastenlose und getrennte Friedhöfe. Auch bei den Hochzeiten wird bei Christen genauso wie überall auf dieselbe Kastenangehörigkeit geachtet.

(Quelle: Gleichberechtigung in weiter Ferne. In: Kindernothilfe (Hrsg.): Indien, 1999, S. 11)

BVK LZ 04 • Martin Geisz: Lernzirkel „Indien"

Lernzirkel Indien • 12: Gerechtigkeit für die Dalits?

Keine Gerechtigkeit für die „Kinder Gottes“

Die so genannten Kastenlosen bilden den Bodensatz der indischen Gesellschaft und sind nicht nur für die schmutzigsten, unreinen Arbeiten bestimmt: Sie gelten selbst als unrein oder unberührbar; sie würden andere durch ihren Kontakt „verunreinigen“. Deshalb müssen sie abseits in eigenen Siedlungen wohnen, dürfen nicht die allgemeinen Brunnen benutzen und haben viele andere Demütigungen und Diskriminierungen zu ertragen. Für Übertretungen der ihnen auferlegten Vorschriften werden sie hart bestraft – auch heute noch. Mahatma Gandhi, der Vater des unabhängigen Indiens, wollte zwar nicht vom Kastenwesen abrücken, aber doch die Ausgrenzung der Kastenlosen überwinden. Er gab ihnen den Namen „Harijans“, „Kinder Gottes“, und forderte Zuwendung und Förderung für sie. Gandhis Anliegen fand in der Verfassung und in Gesetzen seinen Niederschlag: Niemand darf auf Grund seiner Rasse, seiner Herkunft oder seines Glaubens benachteiligt werden. Die kastenlosen Gruppen sind heute in amtlichen Listen erfasst (deshalb heißen sie auch „scheduled casten“ – SC). Sie sollen durch Gesetze geschützt und besonders gefördert werden. Trotzdem ist es dem modernen Indien bis heute nicht gelungen, die soziale Ungerechtigkeit zu überwinden. Einen anderen Vorstoß unternahm Dr. Bhima Rao Ambedkar (1891-1956), der als Vater der indischen Verfassung gilt. Er war selbst ein so genannter Kastenloser und erkannte, dass Fördermaßnahmen nicht genügten, sondern dass die Kastenordnung selbst abgeschafft werden musste. Sein Kampf gegen den „großen Bluff“ des Systems bestand darin, dass er Kastenlose aufklärte und organisierte.
Als er jedoch feststellte, dass er sein Ziel nicht erreichen würde, trat er kurz vor seinem Tod mit mehr als 300 000 Anhängern zum Buddhismus über, der keine Kastenordnung kennt. Ambedkar prägte auch den Namen, mit dem sich die so genannten Kastenlosen heute selbst bezeichnen: „Dalits“ – die „Gebrochenen, Zertretenen, Niedergemachten“.

(Quelle: Bernd Eichhorn: Das indische Kastensystem und die Dalits. In: Kindernothilfe (Hrsg.): Indien, Duisburg 1999, S. 10)

Wer im Internet suchen will: www.dalits.com (Informationen in Englisch)

Aufgaben

Beschäftigt euch mit den Materialien.

1. Auch heute leben die Angehörigen verschiedener Kasten oft deutlich getrennt voneinander. Kannst du dazu Meinungen in den Materialien finden?

Interview: Dalits auf dem Land	**Dalits in der Stadt**
Dalits in den christlichen Kirchen	**eigene Anmerkungen**

2. Nach der Verfassung sind in Indien alle Menschen gleich. Was berichtet Ruth Manorama in ihrem Interview von den Dalits?

3. Die Allgemeine Menschenrechtserklärung der UN formuliert im Artikel 1:

Alle Menschen sind frei und gleich an Würde und Rechten geboren. Sie sind mit Vernunft und Gewissen begabt und sollen einander im Geiste der Brüderlichkeit begegnen.

- Wie wird ein Dalit diesen Satz lesen? (Das Interview gibt Hinweise.)
- Wie wird ein Angehöriger einer Hauptkaste diesen Satz lesen?
- Welche Folgerungen ergeben sich aus diesem Satz für uns?

Zusatzaufgabe: Entwicklungsprojekte:

Z. B. Die Kindernothilfe, Brot für die Welt und die Deutsche Welthungerhilfe versuchen, Dalits in ihren Bemühungen zu unterstützen, gleichberechtigte Inder zu werden.
Nehmt Kontakt zu einer der Organisationen auf (siehe Adressen) und erkundet ein solches Projekt.

Lernzirkel Indien • 13: Tee aus Darjeeling

Von der Vielfalt der Teekulturen

In vielen Ländern der Erde ist Tee das meistverbreitete Alltagsgetränk und hat eine jeweils eigenständige Kultur der Zubereitung und des Genusses hervorgebracht. Der Teestrauch, eine Pflanze aus der Familie der Kamelien, ist selbst ein Gewächs südlicher Temperaturen. Im feucht-warmen Klima tropischer und subtropischer Regionen gedeiht er besonders üppig. Wichtige Anbauflächen liegen jedoch in Hochlandzonen, deren deutlich kühleres Klima das Wachstum verringert und zugleich das Aroma intensiviert. Der beste Tee der Welt wächst an den Südhängen des Himalaya und trägt den Namen dieser exponierten, nordindischen Region: Darjeeling. Die Entdeckung des Tees wird verschiedenen Ländern und Kulturen Asiens zugeschrieben; unterschiedliche Legenden ranken sich um das Getränk, in dem Natur und Kultur eine Einheit bilden: Anbau der Pflanze, Ernte und Weiterverarbeitung der Blätter sind im Grundsatz gleich und ursprünglich geblieben und doch über Jahrhunderte hinweg immer weiter verfeinert worden. Um die Zubereitung des Tees und seinen Genuss haben sich in Einklang mit Philosophie oder Religion, Handwerkskunst und Alltagskultur des jeweiligen Landes verschiedenartige Rituale ausgebildet.

(Quelle: Projektwerkstatt (Hrsg.): Teekampagne 2000. Bezug: Projektwerkstatt, Pasteurstraße 6-7, 14482 Babelsberg, S. 10)

First Flush & Second Flush
Die beiden Ernten der besten Qualität

First Flush
Im März erwachen die Pflanzen im Darjeeling aus der Winterruhe und treiben die ersten Knospen. Sobald sich zwei Blätter und eine Knospe (two leaves and the bud) entwickelt haben, beginnt die Frühjahrsernte. Das Blatt ist nun zart, seine Farbe erinnert an die von frischem Holz: Sie ist dunkel und leicht grünlich. In der Tasse zeigt sich dieser Tee hellgrün und zart.

Second Flush
Die Sommerernte, der Second Flush, wird gelesen, wenn die Vegetationsperiode ihren Höhepunkt erreicht, von Mitte Mai bis Juli. Jetzt haben die Triebe ihre größte Kraft, das Blatt ist dunkelgrün und weist einige goldene Spitzen (tips) auf. Dieser Sommertee schmeckt rund und hat das typische reiche Aroma des Darjeeling. Goldbraun entfaltet sich in der Tasse ein kräftiger, blumig-süßer, nussiger Geschmack voller Variationen.

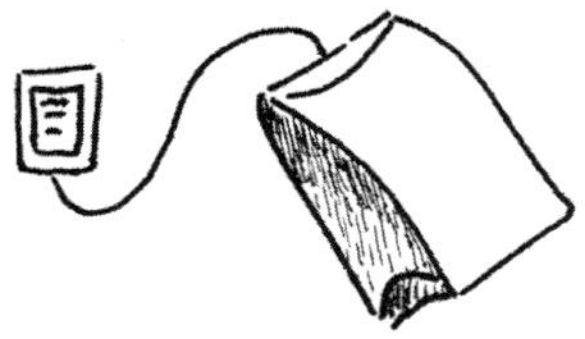

Zwei Ernten – eine Qualität
Die beiden Ernten First Flush und Second Flush gelten in der Teekunde als die beiden hochwertigsten. Sie sind zwar von unterschiedlichem Charakter, aber von gleich hoher Qualität. First und Second Flush sind wie zwei Seiten einer Medaille, die auf der einen Seite eine feine Ziselierung und auf der anderen eine kräftige Zeichnung zeigt.

Aufgaben

1. „Darjeeling“ ist in Indien ein wichtiges Teeanbaugebiet. Welches Klima bietet es den Teepflanzen?

2. Suche im Atlas Darjeeling. Benutze Klimakarten und notiere:

Monat	Niederschläge	Temperatur

Welche Wirkung haben niedrigere Temperaturen auf die Qualität des Tees?

3. Es gibt mehrere Tee-Ernten während eines Jahres. Schreibe sie in die Tabelle.

Sorte	Erntezeit	Beschreibung
First Flush		

Lernzirkel Indien • 13: Tee aus Darjeeling

Projektidee

Teekochen in der Schulküche

1. Die Teeprobe:

Kocht für den Rest der Lerngruppe Tee. Macht verschiedene Angebote:

1) Tee aus normalem Handel
2) Tee aus FAIREM Handel
3) Früchtetees

Rezept für Schwarzen Tee

Wichtig:
Jeder sollte ausprobieren. Angabe für Teemengen (Teelöffel) sind im wahrsten Sinne des Wortes Geschmachssache.

Tee braucht eine vorgewärmte Kanne! Man kann Teefilter verwenden, mit 2 Kannen oder mit Aufgussbeuteln arbeiten.

- Für jede Tasse Wasser 1 Teelöffel Tee nehmen (auch pro Aufgussbeutel 1 Löffel). Wer will, kann noch einen Teelöffel für die Kanne hinzufügen – ausprobieren.
- Wasser zum Kochen bringen und SPRUDELND über den Tee gießen.
- Den Tee 3-5 Minuten ziehen lassen (ausprobieren!).
- Tee umrühren und über ein Sieb in die andere Kanne (oder Filter herausnehmen, Aufgussbeutel herausnehmen)

2. Schreibt für jedes Angebot eine Erläuterungskarte: Teesorte, Herkunft des Tees, Art der Zubereitung, Kostenangaben.

BVK LZ 04 • Martin Geisz: Lernzirkel „Indien“

Lernzirkel Indien • 14: Die Umwelt in Gefahr

Ein Projekt von WWF und „Teekampagne“ in Darjeeling

Darjeeling ist eines der großen Teeanbaugebiete in Indien. Wie in vielen Teilen der Erde ist auch hier der Lebensraum durch den Umgang der Menschen mit der Natur bedroht.

„Teekampagne“ und WWF versuchen in einem gemeinsamen Projekt neue Impulse zu geben.

Interview Harish Mukhia
Der Tee-Experte und Ökologe ist Berater und Koordinator des WWF-Projektes in Darjeeling

Frage: Herr Mukhia, Sie begleiten unser WWF-Projekt „Save the Environment and Regenerate Vital Employment“ seit seiner Gründung. Dabei geht es vorrangig um Wiederaufforstung in Darjeeling.
Antwort: Allein seit 1996 haben wir rund 650 000 Setzlinge aufgezogen. Wiederaufforstung ist zentral für die Erhaltung des Lebensraums in Darjeeling; vor allem wirken die Bäume der Bodenerosion und den Erdrutschen entgegen. Wir terrassieren die steilen Hänge und pflanzen dort Baumsetzlinge. Nur die Spezies Erithrina-Indiena und Eroboitra-Pitolata (in unserer Sprache Falado und Maya) bilden tiefwachsende Wurzeln aus und können so weitere Erdrutsche verhindern. Wir beauftragen auch Bauern, auf ihrem eigenen Land Setzlinge zu ziehen. Dadurch erwirtschaften sie zusätzliche Einnahmen.
Frage: Abgesehen von der Sicherung der Hänge: Wie entscheiden Sie, welche Baumarten herangezüchtet werden?
Antwort: Nach 44 Jahren Berufserfahrung als Ökologe und Teepflanzer weiß ich, welche Arten sich für welche Höhenlagen am besten eignen. Dementsprechend schätzen wir ab, wie viele Exemplare davon jeweils eingesetzt werden können. Wir streben einen hohen Anteil schnellwachsender Baumarten an. So sehen die Menschen rasch Ergebnisse ihrer Arbeit und der Natur kann schneller und nachhaltig geholfen werden.
Frage: Der Projektname spricht auch von „Regenerate Vital Employment“. Wie erreichen Sie dieses Ziel?
Antwort: Für die kleinen Bauern entstehen zusätzliche Verdienstmöglichkeiten z. B. durch die Pilz- oder Bienenzucht, weil sie die Produkte auf dem Markt verkaufen können. Es werden auch Orchideen gezüchtet, die u. a. an Hotels bis nach Delhi verkauft werden. Auch sind immer mehr Bauern in der Lage, Teesträucher zu kultivieren; sie verkaufen die Ernte an die Teeplantagen zur Weiterverarbeitung.
Frage: Sie gelten als Experte für ökologische Produktionsweise in Darjeeling. Wie profitieren nicht nur die Teeplantagen, sondern auch die Bauern von Ihrem Wissen?
Antwort: Es gibt zum Beispiel zwei Modelldörfer, Tinchulay und Haring. Dort wird ausschließlich organisch produziert. Wir lehren die Bauern, wie sie aus den eigenen Abfällen Kompost machen und ihn als Dünger verwenden können. Wir leiten sie an, Biogas herzustellen und zu verwenden; alles, was darauf hinzielt, den häuslichen Energiebedarf nicht aus dem Wald zu decken!
Auch mit Nahrungsmitteln, Tierfutter und Dünger sollen sie sich selbst versorgen können. Das ist natürlich ein Prozess, der von uns nicht nur mitgestaltet, sondern auch gezielt mit Materialien und Gerätschaften unterstützt wird. Die größte Wirkung geht von dem Vorbildcharakter der Modelldörfer aus. Andere Bauern sehen, was dort geschieht, und können es sich auch praktisch demonstrieren lassen.
Frage: Seit mehreren Jahren veranstalten Sie Seminare und Konferenzen, um die Menschen für die Belange der Umwelt zu sensibilisieren. Zeigen sich Ergebnisse?
Antwort: Tatsächlich nimmt das Interesse der Leute ständig zu und man spürt, dass Denken und Bewusstsein sich verändern. In Darjeeling sind 21 Nichtregierungsorganisationen tätig. Das Projekt S.E.R.V.E. ist so etwas wie ein Träger des Netzwerkes für diese Gruppen geworden. Es gibt einen regelmäßigen Erfahrungs- und Gedankenaustausch. Zusätzlich sind auch staatliche Stellen in dieses Netzwerk integriert, die auch Setzlinge bei uns bestellen.
Frage: Sie haben von vornherein auf die Mitwirkung der Schulen gesetzt – auf Unterricht für Lehrer und Schulkinder.
Antwort: Ja, das Netzwerk wirkt auch bei Aktionen in den Schulen. Der WWF betreut die Nature Clubs of India. Dort beschäftigen sich die Kinder mit Botanik. Mit unserer Hilfe erfahren sie etwas über die Eigenarten und Bedürfnisse der Pflanzen und erlernen konkret ihre Pflege. Die Kinder erhalten Setzlinge, die sie in der Nähe ihrer Schule oder ihres Elternhauses pflanzen und pflegen. Selbstverständlich werden auch die Lehrer und Eltern mit einbezogen. So können wir darauf bauen, dass sich die nachwachsende Generation fachkundig und sensibel in Bezug auf den Umweltschutz verhält.

(Quelle: Projektwerkstatt (Hg.): Teekampagne 2000. S. 8)

Aufgaben

Lies das Interview mit dem Tee-Experten und Ökologen Harish Mukhia. Fertige einen Bericht über die wichtigsten Aussagen. Folgende Fragestellungen können dir weiterhelfen:

1. Welche Bedrohungen für die Natur werden im Interview angesprochen?
2. Welche Lösungen für die Probleme werden angeboten?
3. Wie werden die betroffenen Menschen beteiligt?
4. Werden auch Kinder und Jugendliche mit einbezogen?

www.teekampagne.de
(„Unser Engagement“ und „Unser WWF Projekt“ anklicken.)

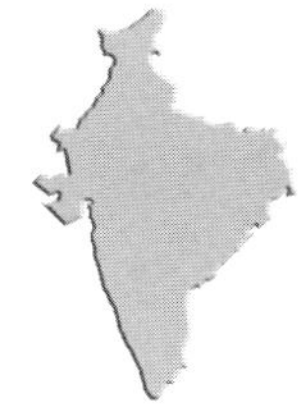

Lernzirkel Indien • 15: Karikaturisten aus Indien nehmen Stellung

Karikaturisten äußern ihre Meinung mit ihren eigenen Mitteln. Sie wollen die Betrachter zum Nachdenken bewegen. Hier nehmen Karikaturisten aus Indien zu Gegenwartsproblemen Stellung.
Quelle der Karikaturen: epd- Entwicklungspolitik
(Verschuldungskrise und Umweltzerstörung. Karikaturen und Zeichnungen. Materialien II/90)

Aufgaben

1. Auf welches Problem will der Karikaturist aufmerksam machen?
2. Welche zusätzlichen Informationen werden gebraucht, um sich näher mit der Karikatur auseinander zu setzen?

„Formblatt", mit dessen Hilfe die Ergebnisse festgehalten werden können.

Der Karikaturist teilt mit:

Unser Kommentar:

Wir brauchen noch Informationen:

Wir haben einen Untertitel formuliert:

Anmerkungen und Übersetzungshilfen:

Karikatur 1 (Prabhakar Wirkar):
DEFORESTATION = Waldvernichtung

Karikatur 2 (Suresh Sawant):
THE DONORS = Geber, Schenkender
POOR COUNTRIES = arme Länder
STRUCTURAL ADJUSTMENT PROGRAMMES OF THE WORLD BANK = Anpassungsprogramme der Weltbank (um neue Kredite zu bekommen, müssen Staaten Forderungen von Weltbank und IWF (Weltwährungsfonds) erfüllen (z. B. Abbau von staatlichen Subventionen, Einschränkungen beim Bildungs- und Gesundheitswesen ...)

Karikatur 3 (Vijay N. Seth):
DEBT = Schulden

Karikatur 1

Lernzirkel Indien • 15: Karikaturisten aus Indien nehmen Stellung

Karikatur 2

Karikatur 3

Lernzirkel Indien • 16: Gandhi heute

Wer war Gandhi? Erkundung (Lexikon / Geschichtslehrer, Religions- / Ethiklehrer ...)

Beschaffe dir Informationen aus einem Lexikon. Schreibe auf:

Geburtsjahr, Todesjahr:

Wichtige Stichworte zu seinem Wirken:

„Es gibt heute nur noch bestimmte Gruppen, Nischen der Gesellschaft, wo Gandhi lebendig ist. Aber für die Jugend ist Gandhi nicht mehr relevant oder gar eine Legende. Sie meinen, dass er nur eine historische Figur ist und keine Antworten auf die aktuellen Probleme des Landes hat. Deshalb gehen Gruppen wie wir in die Schulen und versuchen ihnen zu sagen: Doch, Gandhi hat Antworten auf moderne Fragen und Bedeutung für ihr Leben. Wenn man z. B. die Nukleartests vom Mai 1998 nimmt. Die meisten Kinder sind von dem beeinflusst, was sie von ihren Eltern und anderen gehört haben. Sie waren glücklich, dass Indien diese Bomben gezündet hat und damit dem Status einer Supermacht nähergekommen ist. Deshalb versuchen wir, ihnen die andere Seite zu zeigen. Nicht unbedingt, indem wir Gandhi nennen, sondern indem wir fragen: „Was ist denn wohl die Folge davon, wenn so eine Bombe auf besiedeltes Land fällt? Auf Menschen fällt?“ Wir haben Poster aus Hiroshima bekommen, die sind zum Teil so schrecklich, dass wir nur einige davon zeigen können, um die Kinder nicht zu sehr zu schockieren. Diese Überlegungen sollen sie mit nach Hause nehmen und auch andere zum Nachdenken anregen. ... Wir versuchen, den Kindern auch das Konzept der Gewaltlosigkeit zu erklären. Wenn zum Beispiel Streit in der Familie ist oder mit Freunden in der Schule. Wie kann man das Problem lösen, ohne sich gleich an die Kehle zu gehen? ... Eine andere Frage, die wir immer wieder diskutieren, betrifft die Industrialisierung und Gandhis Forderung mehr auf dörfliche Kleinbetriebe zu setzen. ... immer mehr junge Leute fangen an, daran zu zweifeln, dass all diese Großprojekte, Großindustrien und riesigen Staudämme sinnvoll sind und suchen nach anderen Antworten. ... Und genau wie Gandhi wollen sie das friedliche Zusammenleben von Hindus und Moslems.“

(Quelle: Text von Rita Roy. Jugendliche entdecken Gandhi. in: Indien. Eine Länderinformation der Kindernothilfe. Herausgegeben von der Kindernothilfe e. V. Duisburg November 1999 S. 21)

Aufgaben

Was bedeutet Gandhi heute für Inder?

1. Lies, was die Inderin Rita Roy von der Gandhi-Friedensstiftung heute dazu sagt.
2. Markiere im Text mit rotem Stift die Stellen, an denen die Probleme, zu denen Gandhi heute noch etwas zu sagen hat, benannt werden.
   Markiere mit grünem Stift, die Stellen, an denen gesagt wird, was Gandhi heute dazu sagen würde.
3. Fertige eine Tabelle an:

Probleme, die genannt werden	Was Gandhi heute dazu sagen würde

4. Überlegt und diskutiert, ob die Antwort Gandhis auch für vergleichbare Probleme bei uns gelten würden.

Lernzirkel Indien • 17: Indiens Kulturerbe

Die UNESCO-Liste des Welterbes

„Was verbindet die Pyramiden Ägyptens mit dem Grand Canyon des Colorado oder den Mont Saint-Michel mit dem Tadsch Mahal, die Inkastadt Machu Picchu in Peru mit dem Ngorongoro-Krater in Tansania? Es sind Zeugnisse vergangener Kulturen und einzigartige Naturlandschaften, deren Untergang ein unersetzlicher Verlust für die gesamte Menschheit wäre. Sie zu schützen liegt deshalb nicht allein in der Verantwortung eines einzelnen Staates, sondern ist Aufgabe der Völkergemeinschaft. Dies ist das Ziel des internationalen „Übereinkommens zum Schutz des Kultur- und Naturerbes der Welt“, das die UNESCO 1972 beschlossen hat. 158 Staaten haben die Konvention inzwischen unterzeichnet. Mit der Benennung von Kultur- und Naturstätten für die Welterbeliste der UNESCO verpflichten sich die betreffenden Staaten zu fortdauernden Schutz- und Erhaltungsmaßnahmen. Die anderen Unterzeichnerstaaten verpflichten sich dazu, im Rahmen ihrer Möglichkeiten zum Schutz dieser Stätten des Menschheitserbes beizutragen. Über die Aufnahme von Stätten in die Liste des Welterbes entscheidet das UNESCO-Welterbekomitee, das prüft, ob die von den Unterzeichnerstaaten vorgeschlagenen Stätten die in der Konvention festgelegten Kriterien erfüllen. Hierzu zählen das Kriterium der „Einzigartigkeit“ und der „Authentizität“ (historische Echtheit) einer Kulturstätte oder der „Integrität“ eines Naturdenkmals. Außerdem muss ein überzeugender Erhaltungsplan vorliegen. Die internationalen Fachverbände für Denkmal- und Naturschutz (ICOMOS und IUCN) beraten das Komitee.

Die von der UNESCO geführte Liste des Welterbes umfasst insgesamt 630 Denkmäler in 118 Ländern. Davon sind 480 Kulturdenkmäler (K) und 128 Naturdenkmäler (N). Weitere 22 Denkmäler gehören sowohl dem Kultur- als auch dem Naturerbe an. Welterbestätten, die grenzüberschreitend sind, sind besonders gekennzeichnet.

(Quelle: www.unesco.de)

Die Welterbestätten in Indien findest du in dieser Liste:

- **Felsentempel von Ajanta (K/1983)**
- **Höhlentempel Ellora (K/1983)**
- **Agra, Rotes Fort (K/1983)**
- **Agra, Tadsch Mahal (K/1983)**
- **Sonnentempel von Konarak (K/1984)**
- **Tempelbezirk von Mahabalipuram (K/1985)**
- **Nationalpark Kaziranga (N/1985)**
- **Wildschutzgebiet Manas (N/1985)**
- **Nationalpark Keoladeo (N/1985)**
- **Kirchen und Klöster von Goa (K/1986)**
- **Tempelbezirk von Khajuraho (K/1986)**
- **Tempelbezirk von Hampi (K/1986)**
- **Moghulstadt Fatehpur Sikri (K/1986)**
- **Tempelanlage von Pattadakal (K/1987)**
- **Höhlen von Elephanta (K/1987)**
- **Tempel von Brihadisvara in Thanjavur (K/1987)**
- **Nationalpark Sundarbans (N/1987)**
- **Nationalpark Nanda Devi (N/1988)**
- **Buddhistisches Heiligtum bei Sanchi (K/1989)**
- **Grabmal Kaiser Humajuns in Delhi (K/1993)**
- **Kutub Minar mit seinen Moscheen und Grabbauten in Delhi (K/1993)**
- **Himalaya-Gebirgsbahn nach Darjeeling (K/1999**

BVK LZ 04 • Martin Geisz: Lernzirkel „Indien“

Lernzirkel Indien • 17: Indiens Kulturerbe

Aufgabe

Auftrag: Erkunde im Internet / in einer Bibliothek / bei Fachleuten eines der eingetragenen Objekte näher!

Welche Informationen hast du gefunden?

Wo ist das Denkmal?
Aus welcher Zeit stammt es?
Was ist über Hintergründe seiner Entstehung bekannt?
Worin liegt seine überragende Bedeutung?

Wenn du willst, kannst du ein Infoplakat gestalten.

Recherchehinweise für das Internet:
http://www.unesco.de
Liste des Welterbes, Erläuterungen Hintergründe

Recherchehinweise Buch:

Schätze der Menschheit. Kultur und Naturparadiese unter dem Schutz der UNESCO Welterbekonvention. Texte von Thomas Veser, Jürgen Lotz, Reinhard Stuber, Christine Baur und Sabine Kurz. Genehmigte Lizenzausgabe für Weltbild Verlag, Augsburg 2000.
ISBN 3-8289-0760-1 (auch für die Schulbibliothek lohnend!)

Indischer Subkontinent. Untertitel: Naturwunder und Kulturschätze unserer Welt.
(Das Welterbe der UNESCO). Verlag: ADAC VERLAG, MÜNCHEN 1998. Euro 25,50, 304 S.
ISBN: 3-87003-813-6

UNESCO (Adresse): Deutsche UNESCO-Kommission, Colmantstraße 15, 53115 Bonn

Taj Mahal in Agra

Lernzirkel Indien • 18: Europa schätzt Indien-Gewürze

Europa und der Seeweg nach Indien: Eine Schatzkiste aus dem Mittelalter:
In einer Schatzkiste aus dem Mittelalter hättest du außer Gold und Silber auch Pfefferkörner, Muskatnüsse, Ingwer und Koriander finden können.

„Gewürze usw: Pfeffer vor allem: aber Pfeffer gilt bis in die neuere Zeit hinein, jedenfalls das ganze Mittelalter hindurch, als Luxusgegenstand, der nur in der Küche der Reichen Verwendung findet und den die Potentaten (= Herrscher) sich untereinander zum Geschenk machen; Gewürznelken; waren noch zwei- bis dreimal so teuer wie Pfeffer; Muskatnüsse, Zimt; Zucker, der ebenfalls bis ins 19. Jahrhundert hinein als ein Leckerbissen der Reichen gilt.“ (Quelle: Werner Sombart: Liebe, Luxus und Kapitalismus. München 1967, S. 160)

Toscanelli an Kolumbus um 1480:
„Ich habe Kenntnis genommen von deinem hochherzigen und großartigen Plan, auf dem Wege nach Westen, den dir die gesandte Karte anzeigt, zu den Ländern des Ostens zu segeln Es freut mich, dass du mich richtig verstanden hast.
... im Westen liegt der Anfang von Indien mit den Inseln und Orten, die von allen möglichen Gewürzen überfließen. Auch habe ich in die Karte viele Orte der indischen Länder eingetragen, in die man sich begeben könnte ... Allein in dem Hafen Zaiton, zu dem schon die Araber segelten, laden jährlich mehr als 100 Schiffe Pfeffer und andere Gewürze ... Glaubt mir, dass es dieses Land wie kein zweites verdient, dass man es aufsucht: Ihr könntet dort nicht nur großen Gewinn erzielen, sondern auch Gold, Silber, Edelsteine und alle nur denkbaren Gewürze in großer Auswahl und reicher Menge bekommen ...“
(C. Columbus, Das Bordbuch. Hg. von R. Grün. Tübingen und Basel 1970. S. 23 f. zitiert nach Martin Geisz: 500 Jahre Widerstand - Feiern oder Verzweifeln. Verlag an der Ruhr. Mülheim 1992 S 37.)

Heute:
Im Welthandel sind Gewürze heute eher unbedeutend, wenn auch noch viele Staaten vom Gewürz-Weltmarkt mit seinen schwankenden Preisen abhängig sind (Tansania von der Gewürznelken-Erzeugung; Madagaskar von den Vanille-Exporten, Sri Lanka mit seiner Zimterzeugung sind Beispiele).

Aufgaben Beschäftigt euch mit den Materialien.

Gespräch: Vielleicht könnt ihr jetzt erklären, weshalb die Europäer einen Seeweg nach Indien suchten, nachdem davon ausgegangen wurde, dass die Erde eine Kugel und keine Scheibe ist:

1. Schreibt die wichtigsten Gründe auf:

   Grund 1: ____________________

   Grund 2: ____________________

2. Hat Kolumbus die Ziele seiner Expeditionen erreicht?
3. Welche Gewürze werden heute noch aus Indien exportiert?

Lernzirkel Indien • 19: Ein Blick auf Indiens Wirtschaft

Hinter Zahlen verbergen sich Realitäten. Indiens Wirtschaft ist auch in Zahlen darstellbar, selbst wenn dabei viele wichtige Zusammenhänge nicht deutlich werden. Beschäftige dich mit den in dieser Lernstation angebotenen Materialien und versuche wichtige Informationen zu Indiens Wirtschaft zu sammeln. Versuche vor allem aber auch weiterführende Fragen zu formulieren.

Aufgabe

Was können wir über Indiens Wirtschaft erfahren? Schaut euch die Materialien an und versucht Zusammenhänge herzustellen: Füllt die Tabelle auf Seite 44 aus und sprecht über das Ergebnis!

Material 1

Import: 2001 / 2002: 51,9 Mrd. US$
Güter: Erdöl / -produkte 27,4 %, Perlen / Edelsteine 9,0 %, Gold / Silber 8,9 %, elektronische Güter 7,8 %, Maschinen 7,0 %, Chemikalien 5,4 %, Speiseöle 2,7 %
Importländer (2001 / 2002): Schweiz 6,4 %, USA 6,1 %, Großbritannien 5,1 %, Belgien 4,8 %, Deutschland 3,9 %, VR China 3,7 %, Japan 3,6 %, Singapur 2,6 %, Australien 2,6 %

Export: 2001 / 2002: 43,56 Mrd. US$
Güter (2001 / 2002): Textilien 22,0 %, Edelsteine / Schmuck 16,8 %, Maschinen / Instrumente 15,8 %, chemische Erzeugnisse 13,7 %, Leder / -waren 4,4 %, Meeresprodukte 2,8 %
Exportländer (2001/2002): USA 19,4 %, Vereinigte Arabische Emirate 5,7 %, Hongkong 5,3 %, Großbritannien 5,0 %, Deutschland 4,0 %, Japan 3,5 %, Belgien 3,1 %
(Quelle: u. a. nach Fischer Weltalmanach 2004)

Material 2: Atlaskarte Bodenschätze und Landwirtschaft

Material 3:

Einkommenspyramide in Indien

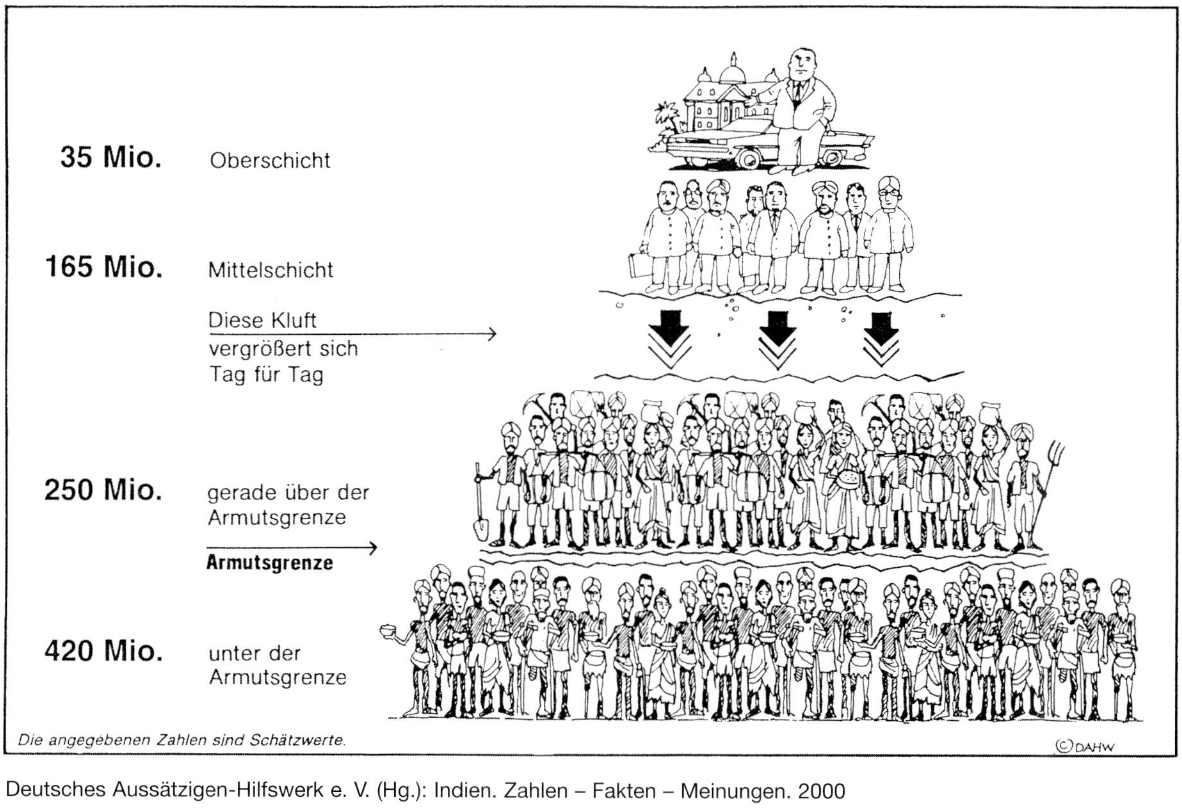

Quelle: Deutsches Aussätzigen-Hilfswerk e. V. (Hg.): Indien. Zahlen – Fakten – Meinungen. 2000

Lernzirkel Indien • 19: Ein Blick auf Indiens Wirtschaft

Auszüge aus einem Interview mit Chakravarthi Bedford, CCCYC Direktor: „Indien müsste nicht arm sein“

Seit 1985 ist Chakravarthi Bedford Geschäftsführender Direktor des „Churches’ Council for Child and Youth Care in South India“ (CCCYC), der Kindernothilfe-Partnerorganisation in Bangalore mit rund 80 Mitarbeiterinnen und Mitarbeitern. Schon 1972 hat er begonnen, für Partnerorganisationen der Kindernothilfe zu arbeiten, damals als Sozialarbeiter in Nordindien. Bettina von Clausewitz sprach mit ihm über 40 Jahre Partnerschaft.

Frage: Seit vielen Jahren werden Gelder in Millionenhöhe aus dem Ausland zur Bekämpfung der Armut nach Indien geschickt. Trotzdem gibt es unverändert viel Armut im Land. Wie kommt das?

Antwort: Indien müsste nicht arm sein. Wir können genügend Lebensmittel produzieren, wir haben viele Ressourcen und technisches Know-how. Nicht einmal Öl müssten wir importieren. Wir sind die siebtgrößte Industrienation der Welt. In Indien müsste es eigentlich keine Slums und keine Armut geben. Es gibt genügend Lebensmittel, aber sie werden nicht an die Armen weitergegeben. Ein weiteres Problem ist die wirtschaftliche Fehlplanung. Wir haben es als Nation versäumt, die Industrien über das ganze Land zu verteilen. Sie sind alle in Stadtnähe und darum haben sich dort auch die Slums gebildet. Wir hätten besser wie die Japaner viele Zulieferbetriebe auf dem Land ansiedeln sollen. Es gibt viele Nichtregierungsorganisationen (NGOs) in Indien, die aber nicht genügend zusammenarbeiten. Vielfach wird ein und dieselbe Arbeit von mehreren NGOs gleichzeitig gemacht. Wir sollten uns stärker vernetzen, um Doppelungen zu vermeiden, das würde unsere Arbeit verbessern.

(Quelle: In: Kindernothilfe Duisburg (Hrsg.): Indien, Duisburg 1999, S. 52)

	Notizen zur Arbeit
Stichwort: Bodenschätze	
Stichwort: Import	
Stichwort: Export	
Stichwort: Arme und Reiche	

Aufgaben

1. In einem Interview (siehe oben) kommentiert ein Inder die Lage der Wirtschaft Indiens. Fasst die Meinung von Chakravarthi Bedford in wenigen Sätzen zusammen.
2. Wie denkt ihr über seine Position?

BVK LZ 04 • Martin Geisz: Lernzirkel „Indien“

Lernzirkel Indien • 19: Ein Blick auf Indiens Wirtschaft

	Indien	**Deutschland**
Bruttonationaleinkommen / BNE	474,3 Mrd. US-$ (2001)	1 948 Mrd. US-$ (2001)
Bruttonationaleinkommen / BNE pro Kopf:	460 US-$ (2001)	25 700 US-$ (2001)
Entstehung des Nationaleinkommens	Landwirtschaft: 25 % (2001) Industrie: 26 % (2001) Dienstleistung: 48 % (2001)	Landwirtschaft: 1 % (2001) Industrie: 31 % (2001) Dienstleistung: 68 % (2001)
jährliches Wachstum des Nationaleinkommens:	5,8 % (1990–2001)	1,5 % (1990–2001)
Auslandsverschuldung in Mio US-$	97 901	–
Anteil der Staatsausgaben für Rüstung / Verteidigung in % des Bruttonationaleinkommens	2,5	1,5
Schuldendienstquote (Zinsen und Tilgung in % der Exporterlöse)	12,6 (2001)	–
Analphabetenquote in % der Einwohner ab 15 Jahren	42	unter 1
Lebenserwartung in Jahren	63	78

(Quelle der Informationen: Weltbank 2002; World development Indicators 2002. Washington D.C. und UNDP 2002: Human Development Report 2002, New York, London)

Zusatzaufgabe

Vergleiche mit den Zahlen der Bundesrepublik Deutschland. Was fällt dir auf?

Stichwort	Beobachtung	Kommentar
Bruttonationaleinkommen		
Auslandsverschuldung		

Lernzirkel Indien • 20: Projekte in Indien

Viele Organisationen in der Bundesrepublik („Nichtregierungsorganisationen“) arbeiten mit Organisationen in Lateinamerika zusammen, um Lebensverhältnisse von Menschen zu verbessern. Adresse siehe Seite

Aufgabe

Nehmt Kontakt mit ausgewählten Organisationen auf, fragt nach Projekten in Indien und informiert euch genauer. Gestaltet zu einem Projekt ein Informationsplakat oder einen Informationstext. Diskutiert die Arbeitsergebnisse.

Projekt: Eine Infowandzeitung zu Projekten von Organisationen aus dem Bereich „Entwicklungszusammenarbeit“ herstellen.

Arbeitsplan	**Notizen**	**Wer?**
1. Sich auf eine Organisation einigen		
2. Mit der Organisation Kontakt aufnehmen, Material und Informationen bestellen Post: siehe Seite 48 Internet: Internetadressen von Organisationen findet man unter: *www.globlern21.de/nrolinks.html*		
3. Sich mit dem Material der Organisationen beschäftigen		
4. Schwerpunkte erarbeiten		
5. Eine Auswahl für die Wandzeitung treffen		
6. Wandzeitung erstellen		

BVK LZ 04 • Martin Geisz: Lernzirkel „Indien“

Lernzirkel Indien • 21: Mandala

Mandala ist ein Wort aus dem „Sanskrit“ (indische Sprache) und bedeutet Kreis. Mandalas sind Bilder, die sich auf einen Punkt im Zentrum (in der Mitte) konzentrieren.
Mandalas können helfen, in uns selbst hineinzuhören, zu uns selbst zu kommen. Wer ein Mandala gestaltet oder betrachtet, wird oft in diese Konzentration auf die Mitte hineingenommen. Dieser Versuch, in sich selbst hineinzuhören, zu sich selbst zu kommen, nennen viele auch „Meditation“. Meditation spielt in indischen Religionen und der indischen Kultur eine wichtige Rolle.

Bei uns hat man Mandalas auch schon lange als Mittel zur Konzentration und Entspannung entdeckt.

Aufgaben

1. Male das Mandala aus.
2. Entwirf selbst ein Mandala.
3. Sprich mit deinen Mitschülern über deine Erfahrungen beim Mandala-Malen!
4. Die Mandalas sind meist sehr dekorativ und so eignen sie sich als schöner Klassenschmuck!

(Quelle: Lernwelten 1 / 1999, S. 10)

Weitere Mandalavorlagen gibt es im Internet:
www.free-mandala.com

BVK LZ 04 • Martin Geisz: Lernzirkel „Indien“

Literatur / Adressen

Auf der Internetseite: http://lesen.de/ finden Sie eine ausführliche Liste mit Büchern zu Indien.

- Mistry, Rohinton: Die Quadratur des Glücks. Sonderausgabe. (Tb). Aus d. Englischen v.: Schmidt, Rainer Fischer Taschenbuch Vlg. Frankfurt. 2005. ISBN: 3-596-50823-1
- Nair, Anita: Das Salz der drei Meere.(Tb). Aus d. Englischen v.: Naujokat, Angelika. Sammlung: dtv Taschenbücher Bd.20732. München 2004.
- Mistry, Rohinton: Das Gleichgewicht der Welt. Sonderausgabe. (Tb). Aus d. Englischen v.: Müller, Matthias Erschienen: 2005. Sammlung: Fischer Taschenbücher Bd.50822. München 2005
- Mistry, Rohinton: So eine lange Reise. Ein Indien-Roman (Tb)
  Aus d. Englischen v.: Müller, Matthias. Fischer Taschenbuch Verlag. Frankfurt 1999. ISBN: 3-596-14006-4
- Anand, Mulk Raj: Der Unberührbare. (Tb). Aus d. ind. Engl. v. Joseph Kalmer. Sammlung: UT Nr. 272. 2003 - Schmid, Regensburg
- Gloria Whelan: Stich für Stich. erschienen bei ELEFANTEN PRESS BEI BERTELSMANN, 2001
- Dieter Riemenschneider: Shiva tanzt. Indien - Lesebuch. Unionsverlag (Mai 1999)
- Rüge, Ines-Marita. Leben auf eigene Faust. Frankfurt a. M. 1999; Brandes & Apsel / Südwind. 89 (Belletristik; Sekundarstufe I)

Unterrichtsmaterialien (im Internet: www.eine-welt-unterrichtsmaterialien.de)

- Brot für die Welt (Hrsg.): Lebensmittel Wasser. 2004; 8 S.
- Mann, Michael: Indien. Gotha; Stuttgart 2003; Klett-Perthes. 33 S. (Broschüren; Allgemein)
- Brot für die Welt (Hrsg.): Kinder in Indien (Poster)
  2002; 5 Poster A1
- Jürgenmeyer, Clemens: Indien. Gotha; Stuttgart 2002; Klett-Perthes. 164 S. plus 21 Folien + CD-ROM (Unterrichtsmaterialien; Erwachsenenbildung Sek. II und Erwachsenenbildung Sekundarstufe II (Oberstufe))
- Brot für die Welt: Shari. Stuttgart 2000; 50 S.; Grundschule Orientierungsstufe (Klassen 3-6) Sekundarstufe I)
- DAHW - Deutsches Aussätzigen-Hilfswerk (Hrsg.): Indien. Würzburg 2000; DAHW. 54 S.
- Landeszentrale für politische Bildung Baden-Württemberg (Hrsg.): Revision des Indienbildes im Schulunterricht, Stuttgart 1998; 84 S.
- Mann, Martin: Indien. Stuttgart und Gotha: Klett-Perthes, 2003. ISBN: 3-623-20102-2

Medien im FWU (VHS Kassetten)
(jeweils mit Jahresangabe)

- Indien - Landwirtschaft und Entwicklung .Videokassette VHS 2004 (1997), FWU-04202957
- India 1947 - The End of British Colonial Rule. Videokassette VHS 2003, FWU-04202857
- Indien - Leben in Bombay. Videokassette VHS 2000, FWU-04202561
- Indien - Bevölkerungspolitik. Videokassette. VHS 2000, FWU-04202559
- Klima der Erde Das Kontinentalklima in Asien - Von Sibirien zum Aralsee. Video-DVD/CD2002, FWU-04602030
- India - Living in Bombay. Videokassette. VHS 2000, FWU-04202564
- Indien - Electronic City Bangalore. Videokassette. VHS 2000, FWU-04202562

Adressen:

- Bundesministerium für wirtschaftliche Zusammenarbeit und Entwicklung, Postfach 120322, 53045 Bonn
  Adressen, Telefon- und Faxnummern und Internetadressen vieler Nichtrigerungsorganisationen, die oft auch Informationen über Indien anbieten, finden Sie im Internet unter **http://www.globlern21.de/nrolinks.html**
  Hier eine Auswahl:
- Brot für die Welt, Stafflenbergstr. 76, 70184 Stuttgart
- Deutsche Lepra- und Tuberkulosehilfe e. V. (DAHWW), Marianhillstraße 1 c, 97074 Würzburg.
- epd - Entwicklungspolitik, Postfach 500550, 60394 Frankfurt am Main
- Gesellschaft für bedrohte Völker e. V., Postfach 2024, 37010 Göttingen
- Kindernothilfe, Postfach 281143, 47241 Duisburg
- Misereor e. V., Mozartstraße 9, 52064 Aachen
- missio, Goethestr. 43 , 52064 Aachen
- terre des hommes, Ruppenkampstraße 11a, 49031 Osnabrück
- UNICEF, Höninger Weg 104, 50969 Köln